融资全案

做一家值钱的公司

王永红 ◎ 著

中国商业出版社

图书在版编目（CIP）数据

融资全案：做一家值钱的公司 / 王永红著. -- 北京：中国商业出版社，2023.10
ISBN 978-7-5208-2646-4

Ⅰ.①融… Ⅱ.①王… Ⅲ.①企业融资—研究 Ⅳ.①F275.1

中国国家版本馆CIP数据核字(2023)第184467号

责任编辑：杜 辉
（策划编辑：佟 彤）

中国商业出版社出版发行
（www.zgsycb.com 100053 北京广安门内报国寺1号）
总编室：010-63180647　编辑室：010-83118925
发行部：010-83120835/8286
新华书店经销
香河县宏润印刷有限公司印刷
*
710毫米×1000毫米　16开　14.5印张　160千字
2023年10月第1版　2023年10月第1次印刷
定价：68.00元
****
（如有印装质量问题可更换）

前言

融资本的钱，增企业的值

伟大的时代给了我们前所未有的历史机遇！

2013年6月19日，国务院常务会议研究部署金融支持经济结构调整和转型升级的政策措施，会议决定加快发展多层次资本市场，将中小企业股份转让系统（新三板）试点扩大至全国，鼓励创新、创业型中小企业融资发展。

10年后的2023年2月17日，中国证监会发布全面实行股票发行注册制相关制度规则，并从公布之日起施行。

2023年2月26日，港交所颁发新政，修改主板上市规则，无盈利科技公司可到港上市。

2023年3月12日，北交所发布好消息，设立直联机制，最快21天上市。

2023年4月10日，中国证监会主席易会满在沪深交易所主板注册制首批企业上市仪式上讲话，宣告注册制落地。

2023年5月19日，沪深交易所上市公司达到5000家。

一些敏锐的创业者们感受到了我国多层次资本市场的历史性机遇，做一番大事业的时机成熟了。

据工业和信息化部统计，目前我国中小微型企业占企业总数的99%

以上，虽然单体的力量很小，但结合到一起却具有强大的力量，已经成为推动我国经济战的中坚力量。但是，与力量的"中坚"形成对比的是利润的"可怜"，市场上80%的利润被20%的大型龙头企业分走了，庞大的中小微企业只能在夹缝中艰难求生。

中小微企业与大型龙头企业的差距在哪里呢？是规模吗？或许是，这是肉眼可见的差距，无法否定！是盈利模式吗？有这方面的原因，不然那些大企业是如何做大的！是管理模式吗？也是原因之一，能够做大做强的企业的管理理念往往是领先的！是领导能力吗？算作一条原因吧，个人的能力差距在一定程度上可以体现为企业的差距！一定还存在其他方面的差距，所有原因综合在一起，就形成了企业与企业之间的差距。

笔者在写这本书之前，曾做过一项专项调研，历时数年时间收集整理不同类型、不同规模、不同时期的企业经营报告，经过对这些报告进行分析，发现90%以上的中小微企业存在战略不合理、商业模式陈旧、领导能力不足、融资路径单一等诸多问题。

这些问题汇聚之后就可以总结出一个结论：不能实现快速发展的中小微企业基本都是不值钱的企业。这样的总结多少有些伤人，但忠言逆耳利于行，作为中小微企业的创立者和经营者，需要接受如此残酷但真实的总结。

也许有企业经营者不接受这个总结，他们的理由很明显：自己的企业是赚钱的，怎么能说不值钱呢！

不可否认，很多中小微企业是赚钱的，且始终在赚钱，但就是不能实现规模跃迁，想尽办法也无法实现持续规模增长。谁不希望自己的企业能越做越大呢？但为什么就总也做不大呢？面对这样的现实，看来只有赚钱是不够的，赚钱之外还必须值钱。

本书的核心主题是做"值钱的公司"，但当下绝大多数企业还在"赚钱"的思维上求生存求发展，一字之差，却谬以千里。我们常说三流企业赚钱，二流企业值钱，一流企业既赚钱又值钱。

随着金融改革的不断推进，传统产业结构与营销模式受到冲击，企业的成长速度越来越快，体量越来越大，成长快代表的盈利能力和体量大代表的资产规模都不足以评价一家企业的价值。也就是说，赚钱的企业和值钱的企业是有区别的，赚钱的企业未必值钱。很多今天成长很快、体量很大的企业，可能明天就会面临危机，一直管用的盈利能力瞬时不起作用了，看似庞大的资产规模也断崖式缩水。

在金融资本时代，"值钱"的企业更能获得长期生存发展。当盈利能力和资产规模已经不能完全作为企业值钱的评价标准，融资能力和抵御风险能力对于企业的重要意义就凸显出来了。融资能力强，说明企业的上限高；抵御风险能力强，则代表企业的下限高。只有下限和上限都高的企业，才能在激烈的市场竞争中立于不败之地。

但是，多年的创业与投资经历，让笔者深深明白一个道理：99%以上的老板都只是在埋头苦干赚产品利润，不知道资本市场为何物，不清楚国家政策方向和趋势，也不了解那些独角兽企业崛起的真正路径。

一个企业经营者，如果不懂资本，必将吃天底下最大的亏。不能通过资本运作实现企业的快速崛起与超越，等于捧着金饭碗要饭。

因此，经营者需要一个深刻了解资本的窗口，本书就为大家打开这样一扇窗。本书以打造一家值钱的公司为核心，结合笔者对资本市场的理解和对融资创业的认知，以及对国家政策趋势的感知，列举了大量具有实战意义的经典案例，让经营者和企业家能够深入剖析自己的公司，并对公司作出基因改造，将"赚钱"的公司升级改造为既赚钱又"值钱"的公司。

  本书不仅选取了许多具有代表性的案例，实现了理论、案例、方法论的有机结合，还以深入浅出的逻辑进行讲解。笔者希望读者在阅读本书以后，能够准确运用书中讲述的理论和方法应对经营中的挑战，掌握打造值钱公司的方法论，对接资本市场，让经营跨上新台阶，最终实现上市目标。

目 录

第一章 资本的真相
赚钱企业与值钱企业的区别 / 2
赚钱的企业不一定值钱 / 4
值钱的企业一定会赚钱 / 7
从赚钱思维到值钱思维的跃迁 / 10

第二章 从危局到死局的资本瓶颈
没有不缺钱的公司 / 14
当价值不能支撑目标时 / 16
被错误理解的"低成本扩张" / 19
现金流断裂的"突然死亡" / 22

第三章 从零到无穷大的资本路径
企业初创期的资本层次 / 26
企业发展期的资本层次 / 28
企业扩张期的资本层次 / 30
企业成熟期的资本层次 / 33

第四章　融前准备，对接资本

企业融资前的资本选择 / 38

企业融资前的材料准备 / 40

企业融资前的法务筹划 / 45

企业融资前的财务审计 / 50

企业融资前的股权结构 / 58

企业融资前的有效估值 / 64

企业融资前的额度确定 / 69

第五章　撰写BP，启动融资

产品或服务：定位与痛点 / 74

市场分析：需求预测与容量 / 77

商业模式：实现盈利最大化 / 81

竞品调查：主要竞争对手的优势和劣势 / 83

团队运行：我们能做好的深层原因 / 87

运作规划：明确融资数额与使用情况 / 90

回报收益：保证投融资双方的共同利益 / 93

风险管控：识别并规避所有可见或潜藏风险 / 96

第六章　融资方式布局资本版图

商业天使——初创企业完美的资金来源 / 100

股权众筹——为中小企业打开资本窗口 / 104

VC资本——职业金融家为创业者提供资金支持 / 108

股权融资——低成本撬动高额投资 / 113

PE 融资——强化再融资能力 / 115

债权融资——带来财务杠杆正效应 / 119

新三板融资——企业价值获得"官方认证" / 125

IPO 融资——企业价值的爆炸式增长 / 133

其他融资——总有一种方式点亮资本 / 138

第七章　融资路演切割资本蛋糕

痛点陈述：锁定项目的核心问题 / 144

解决方案：让资本了解痛点的解决之道 / 149

增长空间：瞄准高利润区 / 152

盈利模式：描绘让资本无法放弃的未来场景 / 154

内部管理：让世界因你而改变 / 157

执行计划：资本与公司核心有机结合 / 160

融资方案：让资本带企业一起飞 / 162

第八章　融资谈判撬动资本杠杆

谈判前的准备工作 / 166

投资者关注什么 / 169

真正重要的是什么 / 172

融资谈判需要注意的问题 / 175

应对投资方可能提出的特殊权利 / 179

建立优势与达成一致 / 182

合作性谈判与退出威胁 / 184

第九章　谨防股权稀释，增强资本耐受性

从天使轮到 D 轮的股权稀释演化过程 / 188

股权稀释的影响 / 190

内部团队股权分配 / 193

如何在融资中做到股权不被稀释 / 196

如何在股权稀释后掌握企业控制权 / 200

第十章　加强融后管理，降低资本敏感度

保证充足的现金流 / 206

善于挖掘和运用投资者资源 / 209

投资方的建议不是命令 / 212

创建财务跟踪管理系统 / 215

为投资方提供退出通道 / 217

第一章
资本的真相

都说资本市场是残酷的,那是因为资本的真相本来就是残酷的,它残酷到可以直接杀死企业发展的神经,让企业无可避免地走下坡路。

资本的真相是什么呢?

无论怎么回答都一定离不开"钱",没钱的企业什么都不是,什么都干不了!但有钱的企业也未必就能得到资本的青睐,因为他们没有正确定位"钱"的概念,即赚钱 vs 值钱。

有的企业能够赚钱,却未必值钱!

有的企业暂时不赚钱,但未来很值钱!

赚钱企业与值钱企业的区别

最理想的企业是既赚钱，又值钱，如果只能二选一，那就选择做值钱的企业。

很多人不理解：赚钱和值钱的差距在哪里？

A 公司年利润 5000 万元，B 公司年利润 0 元。

请问：哪家公司更赚钱？毫无疑问是 A 公司。

再问：哪家公司更值钱？答案就不一定是 A 公司了。

某钢铁企业在 2008 年前后的年销售额达到几十亿元，年利润达到数亿元，绝对是一家非常赚钱的企业。但从 2011 年开始，受到全球经济增长放缓和我国宏观调控的影响，企业年利润持续下滑，到 2015 年时已经到了无利可图的地步，生存变得举步维艰。

短短几年间，一家曾经辉煌无比的大型企业就走到了崩溃的边缘，原因就在于赚钱却不值钱。因此，利润不是衡量企业核心竞争力的唯一标准，企业背后的价值系统更能反映其运行状况。如果将利润比作企业的肌肉，那么价值就是骨架，唯有强筋健骨，肌肉才能保持力量。

不可否认，赚钱的企业起初都生长得非常好，依靠率先打破常规的勇气和魄力，将一粒利润的种子培养成参天大树。于是，"野蛮"成为最快捷、最安全的生存方式,然而却不是最好的生存方式,当"野蛮"遇上危机,"野蛮"就可能会被更加强大的力量瞬间瓦解。因此,经营有时像是一场赌博,可以靠胆识和运气让企业赚钱,但绝不可能靠胆识和运气让企业值钱。

赚钱的企业更专注现金流——当下的利差,追求以最小的成本获得最大的收益。值钱的企业更专注结构性价值,有远见,有格局,站在行业的风口上主导风吹的方向。

下面,总结赚钱的企业和值钱的企业的不同:

赚钱的企业第一特征——经营范围区域化。例如,某城市龙头企业、某地区首席品牌,虽然也希望做大市场,但发展模式对于市场开拓反而有束缚性。

赚钱的企业第二特征——单一性销售,销售频次低。传统赚钱思维的企业经营者都认为大客户的利润更高,离开大客户就失去了赚钱的能力。

赚钱的企业第三特征——有利润,没前景,难以形成闭环。在从用户导入到用户流出的整个过程中,可能只有一单买卖,且用户流失率高。

值钱的企业第一特征——大格局,放小利。一开始就紧盯行业份额,而不是抢占现金流,因为更容易处于行业领先位置。

值钱的企业第二特征——顺着市场获取用户。先锁定"有钱的市场"和"有钱的用户",再用简单低价的方式去获取用户,给予市场份额的想象力,放大企业被低估的价值。

值钱的企业第三特征——产品差异化和不可替代性。在产品趋同的时代,做到差异化和不可替代是很难的,只有明确的差异,才不会被轻易替代，只有不被替代，才能守住差异。

通过上述对比可知，赚钱与值钱是两件不同的事。赚钱的企业往往有钱任性，投资多是用自己的钱；值钱的企业则性格豪放，用资本的钱，增自己的值。

赚钱的企业因为不能保证自己具有足够的价值，因此就有可能不知在什么时候失去了赚钱的能力。值钱的企业则从来不会担心赚不到钱，因为自己足够有价值，钱总是围绕有价值的一方运转。

做赚钱的企业，难在收盘，就像股票买进来涨多少都不意味着赚钱，只有抛出去，才能论输赢。

做值钱的企业，难在看清未来的产业结构，但一旦看清就会全力以赴，用最快的速度搭建起最适合自己的价值系统。

旧时代渐行渐远，我们正面临一个更加难以预测的未来新经济版图，企业不应再对"命运"有任何依赖，必须努力修炼内功，习惯于更有价值地活着，才能在狂风骤雨到来时从容面对。

赚钱的企业不一定值钱

商业的本质决定了所有的企业都必须以赚钱为目的，哪怕是已经很有钱的企业。但残酷的现实却是，有些企业资源丰富、技术过硬、产品精良，也确实在赚钱，却得不到资本的青睐；有些企业收入可怜，始终烧钱，却卖出了好价钱。

为什么会这样？是资本神经错乱了吗？"错把陈醋当成墨，写尽半生都是酸！"当然不是，常年浸淫资本运营的投资方们，怎么会连如此轻易就能看到的差异都看不清呢？之所以产生如此巨大的现实落差，是因为在资本的眼中，企业分为两种：赚钱的企业和值钱的企业！

目前，中国大多数经营者仍在试图做赚钱的企业。这类企业多数是从熟悉的领域做起，从有关系、有资源的地方做起，通过逐渐积累做大，最常用的业务模式是抱大腿、吃大单、赚大头，这种业务模式投入高、效率低、风险高、回报低。

赚钱的企业与值钱的企业，在衡量标准上有着本质的不同，赚钱的企业用现金流衡量，值钱的企业则以"未来"的可能性衡量。资本视角里值钱的企业不一定现在就要赚钱，但一定是具有无限可能的。我们常说，赚钱的企业和值钱的企业只差三个字：想象力。

于是，投资界的一种"不可思议"的情况经常出现，一些赚钱的企业入不了资本的法眼，一些一直亏钱的企业却引得资本趋之若鹜。

在打车软件出现后，出租车行业很快就感受到了危机。尤其是在资本疯狂烧钱整合了打车软件领域后，"抢滩登陆"已经不可避免，传统出租车的赚钱模式被淘汰了。

2015年，滴滴打车上线三周年，正式更名为"滴滴出行"，并启用全新品牌标志。

2015年9月9日，滴滴打车与宇通合作，打造互联网巴士生态。

2016年1月26日，与招商银行达成战略合作。

2016年6月13日，滴滴出行获得中国人寿超6亿美元战略投资，在"互联网+金融"展开合作。

在传统企业的赚钱思维中，亏本赚吆喝简直不可理喻，然而正是这些亏掉的钱帮助滴滴出行在极短时间内做到了巨大体量。在成功上市后，估值远远超过出租车企业。滴滴出行直接穿过了赚钱阶段，达到了值钱阶段。

在资本的值钱思维中，烧钱不是问题，亏本也不是问题，这都是竞争的必要手段，是获得用户的最直接、最有效的手段。

使用打车软件的用户，最为敏感的要素是价格，如果滴滴出行前期不通过烧钱来抢占市场，那么很快就会死掉。因此，资本坚定地认为滴滴出行的烧钱亏本只是暂时的，只要抢占到足够大的市场，企业就会非常值钱，亏掉的这些钱就会赚回来。

此时，再看看那些曾经赚钱赚到手麻的出租车企业，如果不随着滴滴出行的新规则运转，则很快就会被彻底淘汰。其实，这些出租车企业也曾做过抗争，在滴滴出行还在"圈地"的阶段，不时传出某地出租车联合抵制打车软件的新闻，但渐渐地，反抗之声越来越小，最后完全消失了。因为越来越多的用户认可了滴滴出行，已经从"少数派"成为"多数派"，出租车如果不能顺应民意，就会被用户抛弃。

当一家企业做到了行业第一，拥有最多话语权时，一定是值钱的。通过重新洗牌上下游，重塑市场规则，让赚钱模式以自己的标准为转移，这样的企业怎么可能赚不到钱。

俞敏洪在"第十四届成长中国高峰会"上说："做企业实际上是把自己做得越来越值钱的过程，如果你的企业做了半天还是不值钱或者是价值越来越低，那么这个企业做起来就没什么劲。当然并不是说投资者或者股市不评价你，你就没有价值了，企业真正的长远价值还依赖和依托于你在市场上能够生存的前提之下，能否把你的企业带到一个非常长远的未来。投资者对价值评估是短期，你自己对价值评估是长短结合，你要兼顾短期时候的生存，也要兼顾长期发展的问题……企业本身值钱不值钱，表面是两套系统，长远来说是一套系统……做企业的记住了，要把自己弄正了，才能让自己值钱。"

值钱的企业一定会赚钱

这是一个跨界"打劫"的时代，微信刚面世时，三大运营商（移动、联通、电信）正在激烈厮杀，但它们没能预知"螳螂捕蝉，黄雀在后"的危机，在全力绞杀看得见的对手的同时，看不见的对手微信从旁杀出，直接收割市场。

资本认为，值钱的企业一定是跟着用户走的。短短几年，微信就利用强大的用户黏性，彻底改变了电商、支付、通信、营销等多个领域。

资本认为，赚钱往往意味着"缺乏想象力"，而非"现金流充足"。这也是为什么尽管任何一家企业都需要赚钱，但资本却能分辨出哪些赚钱的企业值钱，哪些赚钱的企业不值钱。

值钱通常代表"企业有价值"，衡量标准绝不只是现金流，而是各种数据所显示出来的企业对未来的无限占有力。因此，在资本眼中，一家赚钱的企业未必值钱，一家值钱的企业未必正在赚钱，但一家值钱的企业未来一定会赚钱。

2004年，京东（当时名为"京东商城"）正式成立。

2007年3月至2014年4月，京东共计进行了9次私募融资，先后引进了今日资本、美国老虎基金、DST全球基金、红杉资本等PE投资机构，融资高达19亿美元。

2014年4月2日，京东集团进行分拆，其中包括两个子集团、一个子公司和一个事业部，涉及金融、拍拍及海外业务。

2014年5月22日，京东集团在美国纳斯达克挂牌上市。

2016年6月8日，京东首次进入《2016年BrandZ全球最具价值品牌百强榜》，品牌价值同比增长37%，达到105亿美元，全球排名冲入前百名，位居第99。

2016年7月20日，财富中文网发布了最新的《财富》世界500强排行榜（中国唯一一家互联网公司），排名第366位。

这样的成绩是在京东2013年发生账面亏损800万美元的情况下取得的。是不是非常吃惊？怎么发展如此迅速的企业还亏损？其实，在《财富》2016年世界500强企业里，亏损的企业达到65家，按照亏损额排名，在当年的世界500强企业里，京东以亏损90亿元排名第27位。

由此可见，入选世界500强的京东好像并没有多优秀，好像不怎么赚钱，但却更受投资界认可，因为京东足够值钱。

在市场经济中，价值是一个重要的度量工具，投资方在投资时为了避免投资风险以及提高资金的时间价值，都期望投资具有长期价值的企业。

通过看京东的成长过程，便能够一步步窥见未来时空里的产业模式，也就是说京东是时代商业模式的引领者。京东也的确创造了一个巨大的商业结构——以京东物流体系为首的整个京东企业运营系统。虽然彼时的京东一直处于亏钱状态，但其结构却始终在扩张，不断覆盖更大的市场空间，打造出的系统所凸显的效率更是遥遥领先于其他竞争对手。这就是京东——这家不赚钱的企业最值钱的地方。

最后需要对赚钱的企业和值钱的企业进行一些说明。任何事物都有其两面性，本节标题是"值钱的企业一定会赚钱"，这是正确的，但并非说赚钱的企业就一定不值钱，有些企业就是既赚钱又值钱，这样的企业的规模未必都很大，却很值得尊敬。上节标题"赚钱的企业不一定值钱"同样说明了这个问题。只是如果企业只能走一条路——赚钱 vs 值钱，那么企业应该努力去走值钱的那条路，如果以牺牲暂时的赚钱机会为代价则也是可以的。

综上所述，做赚钱的企业与做值钱的企业并不适合直接比较，因为二者并非对立的。只能说，值钱的企业一定更有未来，而会赚钱的企业也应该学着让自己更加值钱。

从赚钱思维到值钱思维的跃迁

在资本市场中有这样一类企业,在某个阶段发展得风生水起,扩张、并购、上市,仿佛到处都有它的身影,吸引了无数大众的目光。但在不远的未来某个阶段就突然下滑了,战略收缩、出让资产、股价下跌,甚至退市,引得大众一阵叹息。

为什么同一家企业,会在不长的时间里形成如此巨大的反差呢?往往一番分析下来后发现,企业由内而外好像什么都没有变,但曾经好用的那一套现在就是不好用了。面对如此状况,总要有个解释才可以。

在解释这个问题之前,先来看看企业经营者的财富思维,因为从内而外什么都没有变,现实却形成了完全相反的结果,那么,只能再继续深挖根本了。

企业经营者追求财富的思维可以分为四种:

第一种是雇员思维,主要依靠老板赚钱。

第二种是小商人思维,主要依靠产品赚钱。

第三种是企业家思维,主要依靠模式赚钱。

第四种是投资人思维,主要依靠价值赚钱。

经营者的思维不同,最终收获的结果也不同:

第一种：依靠老板赚钱的雇员思维，播下了一颗未必会发芽的种子，希望全系于老板一人，不确定性极大。

第二种：依靠产品赚钱的小商人思维，播下了一棵小草的种子，能不能生根发芽，就看产品的好坏了。

第三种：依靠模式赚钱的企业家思维，播下了一棵大树的种子，究竟能长多高，就看模式能坚挺多久了。

第四种：依靠价值赚钱的投资人思维，播下了一棵"摇钱树"的种子，只要价值长存，就会一直赚钱。

这四个人站在同一起跑线上时，看起来并无差别，但多年以后就会有天壤之别。最初的小草也许依然生命力旺盛，但难以摆脱被人踩踏的命运。那棵大树已经长到很高，但有一天突然被剥光了树皮，逐渐枯萎死去了。

现在可以回答本节开始的那个问题了，一家企业为什么会突然从高峰跌落谷底？原因就在于经营者的财富思维未能升级。许多经营者将企业做成了一个"赚钱机器"，在市场需求恰好符合企业盈利模式的情况下，企业便能一路看涨，迅速发展到自身并不匹配的位置上；在市场需求不能契合企业盈利模式之后，企业便会迅速下滑，快速跌落至远低于自身应属位置之下。

企业通过利润积累实现资产增长，是大部分中小企业资产增长的最常见模式，利润多，企业就发展得快，利润少，企业就会面临危机。企业经营者的财富思维的前三种都是以利润为主导的，只是"企业家思维"比"小商人思维"和"雇员思维"能先进一些，但仍然没有脱离"赚钱思维"。只有第四种"投资人思维"才是建立在资本模式之上,借助资本运作的力量,实现企业的价值升级。

值钱思维的最大意义是能够为企业带来更多的价值增值的可能。值钱思维可以让企业的价值"滚雪球"式增长。总之,走一条值钱的路,企业才能顺利地实现自我增值,在资本市场中实现华丽转身。

第二章
从危局到死局的资本瓶颈

中小企业的最大危机是什么？一定是缺钱，毕竟没有不缺钱的企业，越小的企业造血能力越弱，缺陷越大。因此，导致一家企业从危机逐渐走向死亡的也是缺钱。

中小企业在无法实现自我供给的情况下，如何度过缺钱的危机呢？一定是融资，用别人的钱，帮自己度过危机。

什么时候开始融资呢？一定是未雨绸缪地提前布局，不能等到危机爆发了才想到融资，要在天晴的时候修屋顶，在最不缺钱的时候去融资。

没有不缺钱的公司

现金流是企业的命脉。现金流充沛,说明企业血氧充足;现金流紧张,意味着企业生存告急!

毋庸置疑,所有企业都想做现金流充沛的那一个,所有企业经营者都不希望自己的企业陷入缺钱的困境。但这个世界上真正不缺钱的企业屈指可数,数来数去也就是那些已经做大的"独角兽"和"巨无霸"不差钱。但达到"独角兽"和"巨无霸"是经营企业的最高级别,达不到这个层级的企业则或多或少都必会缺钱。但是,即便达到企业经营的最高级别就真的不再为钱所困了吗?或许,理论上可以这样认为,但实际上并非如此。那些"独角兽"和"巨无霸"也同样过得战战兢兢,就怕稍不留神会被后来者居上,再稍不留神会陷入经营困境。实际情况也的确如此,放眼世界经济,时常就会传出某家规模大到"不可能"破产的企业破产了,或者某家强大到"不可能"被击败的企业被击败了,着实让经营者们手心冒汗,脊背发凉。

因此,只要是企业经营者,千万不要陷入"不缺钱"的思维中,哪怕企业现在确实不缺钱,但也一定存在可能会导致企业缺钱的问题,或者存在能让企业缺钱的隐患,或者存在将企业拖入缺钱深渊的危机,或者经营企业本身就是一个与缺钱相伴的历程。奉劝企业经营者都能明白企业与钱的关系：没有真正不缺钱的企业，如果有，那也不是你的企业，或者创业者的野心不大。

总之，企业的生存与发展时刻都离不开"钱"的供给，那么钱从哪里来？通常的理解是，经营企业所需的"钱"需要企业自己创造。这并没有错，创立企业就是希望企业可以创造出更多的经济价值，在实现自给自足的同时，也实现自身的发展壮大。但是，企业往往无法在成立之初就能立刻"造血"，总是要经历一段"哺乳期"，待到筋骨足够结实后，才能真正自立自强。因此，企业在实现自身"造血"之前，还是需要外界给予"输血"的，即便企业此时可以自身"造血"，也需要一个完善"造血机能"的过程，因此也仍然需要外界"输血"。可见，企业最好就是"造血"和"输血"两不误。

外界"输血"就是外部资本对企业投资。处于初创期的企业，需要资本解决生存问题；处于发展期的企业，需要资本帮助扩大规模；处于稳定期的企业，需要资本支持夯实成绩；处于成熟期的企业，需要资本助力持续稳定；处于衰退期的企业，需要资本援助扭转颓势。可见，在企业的所有经营阶段都离不开资本，融资就是一个刚性需求，只有解决了融资的问题，企业才能顺势而为，发展壮大。

掌握资本的一方需要"货比三家"才能下注，需要资本的一方则要使出浑身解数赢得资本青睐。所以，投资是主动的，融资是被动的。但被动的一方却要在必要时主动出击，掌握资本路径，与资本对接，最终成功引入资本。因此，要学会拥抱资本，当然也要注意不要跪舔资本，被资本欺负。

主动出击不等于一定成功。融资的过程是复杂且艰难的，充满了荆棘、曲折和未知数。尤其是初创企业，因为经营规模小、竞争力低、生存环境恶劣、渠道资源匮乏，最易遭遇融资失败。换句话说，资本虽然喜欢冒险，但不喜欢自杀，资本最喜欢的是有能力让自身价值指数级倍增的企业。如何将企业的未来价值呈现给资本，需要的不仅是高超的融资技巧和经验，还需要有对资本由外及内的深入了解，这些要求对于初登融资舞台的创业者来说并非易事。但是，即便再艰难，也要跨过障碍，向着融资成功的目标坚决进发。

让企业尽可能顺利地获得融资，让企业尽可能实现预期的融资额度，让企业尽可能降低受到缺钱困扰的概率，是笔者写作本书的初衷。

当价值不能支撑目标时

有的企业在现金流良好的时候，从来没有想过融资的事，直到缺钱时才慌了手脚，想到要去找投资方。但因为平时没有相关积累，没有银行授信记录，没有业务往来，没有融资经历，再加上没有融资准备，因此无法在所需时间内获得融资，导致企业经营陷入危局，甚至直接陷入死局。

其实，在企业感觉到缺钱时，意味着危机已经存在很久了。就像人体生重病一样，表面出现症状表明内在已经病了很长时间，如果不能在没病时防病，不能在小病时及时救治，待到大病暴发不仅很难医治，生命还会受到威胁。因此，几乎所有做大的企业都有一个资本经验：在晴天修屋顶，在雨天没烦恼。

有一个现实是，如同疾病一样，不是所有疾病都可以在最初得到控制，现实情况是多数疾病在发展到一定程度时才能被察觉。企业的缺钱问题往往也是在有所差距时才能真正得到重视，虽然会面临举步维艰的困境，但也必须支撑下去，经营企业就是不断战胜困难的过程。

虽然企业缺钱在很多时候是难以提前预知的，但也有一定的预兆，如何发现呢？一切从实践出发，通过总结前人的经验和当下的现实，总结出可以最大限度帮助经营者发现企业缺钱的方法。很简单，只有一句话：当企业的价值不足以支撑目标时，企业就缺钱了。

任何事物都是有价值的，企业这种可以产生利益的事物自然也有其价值。企业的价值应该和目标保持一致性，通俗的理解就是，企业具有多大的能力才能办多大的事情。一个世界五百强企业的目标，是改变本行业发展的进程；一个新创企业的目标，首先是生存下去，然后是生产出不可替代的产品，实现快速扩张。无论是大企业，还是新创企业，要想实现目标，都需要资金支撑。而钱的获取一方面是自身输出，另一方面是外部输入，自身能输出多少和外部能输入多少，都是由企业价值决定的。

企业想要获得可以支撑其目标的资金，就要不断提升价值。因此，还有一句话需要企业经营者记住：当企业的价值不足以支撑目标时，先去融资。

当然，本节不讨论企业价值与企业目标之间的关系，即怎样的价值对应怎样的目标。一定会有企业制定出"超限性"目标，然后据此目标去筹集资金，结果并未如愿。以结果来倒推过程，是开启了"上帝的视角"，在结果未知以前，谁敢肯定哪个目标是切实可行的，哪个目标是不切实际的，一切都要在实施后才能见分晓。

作为企业经营者必须明白，融资是贯穿企业经营的头等大事，从创业到发展到扩张再到上市，都少不了融资。

作为企业经营者，切记不要有"不缺钱"的想法，因为即便当下确实不缺钱，但未来可能就会缺钱；即使今天不缺钱，或许明天就缺钱了。而且，经常抱有"缺钱"的想法，等于给企业罩上了一层居安思危的防护罩，在经营良好、运行平稳、完全不缺钱时，为经营下滑、运行不良、非常缺钱时做足准备。

作为企业经营者，还必须明白，世界上所有知名企业几乎都是通过融资和进行资本运作实现规模扩张和裂变的。所谓经营良好、运行平稳只是资本原始积累的初级阶段，要想实现扩张，变得更值钱，必须让企业拥有足够做大的资本，并利用资本做更多有价值的事，就如同美国人说的，先有华尔街后有硅谷。

被错误理解的"低成本扩张"

"低成本扩张"是极具诱惑力的五个字,代表着以小博大、少花钱多做事、低投入高产出这样的潜台词。这样的诱惑,对于那些口袋里没有多少钱的企业,对于那些既追求效果又追求省钱的企业,对于那些能量不大但目标远大的企业,有着非同一般的意义。所以,低成本扩张在经营领域的提及率非常高,经营者们都想掌握其中的奥秘。

低成本扩张之所以被热捧,就在于"低"与"高"的对立统一上。企业经营者都知道开源节流的道理,盈利不易,融资更不易,企业得到的钱应该尽可能地省着花,如果真的有能够帮助企业以低投入实现高产出的方法,自然不会放过。但现实是,低成本扩张正在被错误理解,且距离原本的轨道越来越远,很多企业在根本就搞不清楚什么是低成本扩张的情况下,只是简单地以为低成本就是低投入,就盲目地开启了"低成本扩张"。这种不知道怎样才能系统规划和具体达成的错误的"低成本扩张",必将给企业经营带来极大的危害。

从根源上讲,低成本扩张是一种并购策略,即在少付并购成本的情况下,获得目标企业的控制权,从而实现经营规模扩大的发展战略。

资本规划则误将企业实现低成本扩张当作一种战略形式,认为是企业管理层通过资本规划实现资产调整，进而实现低成本扩张。其实，企业实现低成本扩张战略是相对概念，与总资产无关。例如，别人或自己以前10,000元才能做成的事，现在投入7,000元就做成了；再如，同样资金投入的情况下，别人或自己以前须动用100人、花费100天才能做成，现在仅需要50人、花费50天就能做到。

由此可知，低成本扩张不是以企业各方面投入的绝对值而是以最终的投入产出比作为衡量标准的。因此，低成本不等于该投入时不投入，低成本不是在择定某条途径后仅确保最低投入，低成本也不是谁投入少就选择谁来代替绩效的位置。

企业经营者在思考如何进行低成本扩张时，需要做到6个确保：①确保适合企业的、可行的绩效目标；②确保成本的统一性，不能将应投入成本转移到其他企业或用户身上；③确保充分考虑短期的直接成本和长期的间接成本之间的关系；④确保设计出足够达成绩效的战略措施和战术途径，并充分整合外部资源为己所用；⑤确保对投入的审视和调整，让优选的低成本措施和途径最优化；⑥确保执行到位和执行中不发生偏差及浪费。

即便做到了上面几点，企业经营者还应思考如何采取相应措施让低成本扩张的效果持续化、积累化、扩大化，并付诸实施。下面，以案例的形式对企业进行低成本扩张的正确打开方式进行总结：

1. 低成本扩张需要底线保障

某公司原本最近两个月的营销推广费用预算是40万元，但在市场部经理找董事长批费用时，却被"我们的产品还是有竞争力的"这个理由硬生生将推广费用缩减为20万元。市场部经理立即表示，40万元是经过精确预算得出的，是企业营销的保障费用，且即便有缩减，也不能直接腰斩，这样企业营销将无法进行。事实上，在经过了一段时间的节衣缩食的营销后，确实效果远不如从前，只得再次将营销推广费用确定为40万元。

2. 低成本扩张需要效果累计

某楼盘发布了两则报纸广告，效果非常好，售楼部车水马龙。于是，该楼盘的企业负责人认为广告效果已经达到，决定将计划投入的几则广告暂时停下。后来售楼部逐渐由门庭若市变成了门可罗雀，才想起来继续投放广告，但效果大打折扣。无奈，该楼盘只得加大广告投入，重新累计效果。

3. 低成本扩张需要资源集中

某酒厂经常给渠道商赠送促销品和给消费者赠品，但却是什么便宜就选什么，完全忽略了某样促销品、赠品相对竞争对手的产品是否具有差异性和竞争力，以及是否与自己的产品具有关联性等因素，结果可想而知，不但没起到宣传产品的作用，甚至起到了反作用。这说明促销品和赠品，是企业的脸面，起着打样的作用，要送好的。要知道，一个10钱的东西所产生的效果一定会高于10个一块钱的东西，一定要用单次较高投入取代多次较低投入。

4. 低成本扩张需要单次投入效果最大化

某食品公司在设计促销活动时，数易方案、颇下苦心，最终制订出了一个非常不错的方案。但到执行时，除了卖场的海报之外，连一次

DM、一则报纸和电视字幕广告都舍不得上。这种重创意轻配合执行的做法，确实做到了低成本，但想扩张就永远是梦了。

现金流断裂的"突然死亡"

肇始于1998年的亚洲金融危机所带来的影响还未散尽之时，2008年由美国"次贷危机"引发的全球"金融海啸"便再次来袭，不少世界级企业没能抗住冲击，走向了命运的终点。

而美国第五大投资银行——贝尔斯登就是消失的巨无霸之一，导致其破产的原因是现金流断裂。投资银行与商业银行不同，主要从事有价证券的投资，房地产、金融、保险是最主要的投资方式，贝尔斯登的日常经营伴随着大量现金的流入与流出，这决定了它需要承担更大的风险。

在金融危机爆发前的2006年，美国房地产市场形势急转直下，次贷借款人的还款压力增高，还贷违约现象开始大范围出现。就是在这一年春季，美国次贷危机开始逐步显现，到第二年8月开始席卷美国、欧洲和日本等世界主要金融市场。

2007年，贝尔斯登旗下的两家基金——高级信贷策略基金和高级信贷策略杠杆基金，由于经营次贷支持担保债务凭证（CDO）投资的业务，受到次贷危机牵连，不得不在同年8月宣布倒闭，投资人损失总计逾15

亿美元。

随着次贷危机的影响越来越严重,众多贷款人的经济状况受到了非常严重的影响,还贷违约现象暴增,导致充当抵押担保的有价证券急剧下跌。贝尔斯登持有的与住房抵押贷款有关的大量资产在短时间内价值暴跌,公司利润急速下滑,产生了严重亏损。金融风暴同时也让贝尔斯登的"金融衍生品"的价格大幅下跌,这让公司的盈利能力又进一步减弱,陷入了"下跌,下跌,再下跌"的恶性循环中。

持续的大面积亏损使贝尔斯登的现金流日趋枯竭,再加上贝尔斯登高财务杠杆的经营模式让外界对其丧失了最后的信心,公司曾经的合作伙伴纷纷宣布终止与其合作,快速抽走了最后的资金。万般无奈之下,这个两三年前还风光无限的公司只能走上了最后的出路——在2008年3月被美国摩根大通公司收购。

从贝尔斯登破产一案中可以看出现金流对于企业的重要意义。现金流如同企业的血液,现金流断裂,就意味着企业失血过多,濒临死亡,且死亡的速度非常快。贝尔斯登从现金流充足到爆雷,一直到最终现金流完全断裂枯竭,历时才两年多。

为了预防企业出现现金流危机,必须时刻保持现金流充足,企业造血只是一部分,外部输血更加重要。融资是保障企业现金流充足的重要一步,而且企业可在融资过程中完善和提升经营策略。

融资只是保证企业获得了现金流,但不能保证企业能在经营中合理运用现金,因此,企业应在经营过程中建立完善的现金流管理制度,让企业现金流动性始终处于良好的状态。只有确保了现金的利用率,才能最大限度地释放企业的活力,及时将资金转化为生产力,进而提高企业的市场竞争力。

第三章
从零到无穷大的资本路径

企业经营,从创业初期到发展期,到扩张期,再到成熟期,哪怕是下滑期,都需要大量的资金支撑,以维持企业正常的现金流动。与企业经营各个时期对应的,是不断积累的资本层次。

本章就根据企业所处阶段的不同,对现金流的需求进行统一归纳,便于企业经营者在实际操作中更加正确地选择融资途径。

企业初创期的资本层次

企业初创阶段是最弱小的，一般注册资本几十万元，实缴资本就更少了。这个阶段企业最缺的就是钱，最难搞到的也是钱。这时的企业最应该做的事情只有两件，一件是尽可能快速搭建盈利通道，另一件事是想尽办法融资。

对于如何搭建盈利通道，是非常系统的问题，主要是构建企业的商业系统，需要企业从战略定位、商业模式、治理结构、组织建设、产业要素五大部分进行设计和执行。最基础的结果就是业绩要能完成到盈亏平衡点以上。因为这个问题不属于本书的详细论述范围，这里就不多做阐述。初创期的企业就像一个刚出生的小生命一样，为了活下去，必须快速长大，而融资就是帮助初创企业快速长大的最佳途径。企业融资主要分为天使投资和股权众筹两种方式。

天使投资一般主要由富有的个人直接向初创企业投资，属于风险投资的一种，但又明显区别于风险投资（VC）。天使投资的投资对象是一些刚刚创立的小企业，甚至是尚在构思阶段的原创项目。风险投资一般对这些刚刚创立的企业或尚未成形的创业构思兴趣不大。

天使投资不仅对投资方的门槛要求较低，对融资方的门槛要求也较低。即便是已经创立的企业，因为尚处于初创期，产品和业务都未成形，天使投资就已经把资金投入进来，目的是吃到企业做大后最大的那块蛋糕。但因为企业尚在初创期，未来的一切都极为不明朗，即便有很不错的创意，也不能保证未来就能够实现预期，因此，天使投资在希望获得高收益的同时也承担着极大的风险。

为了降低投资风险，天使投资会对拟投资企业或拟投资项目进行深入调研，尤其是对创业团队的调研，只有在创业企业及项目和创业团队都表现出信心的情况下，天使投资才可能向创业企业提供资金帮助。

天使投资共有五种主要形式，个人天使（分为支票天使、超级天使）、天使团队（也称为天使联盟）、天使基金、孵化器天使、平台天使。

股权众筹同样也是一种为很多有创意、无资金的创业团队提供的低门槛融资方式。股权众筹作为多层次资本市场的重要部分，不仅有利于创业者实现低门槛融通，还通过天使投资推动了企业高速发展。股权众筹的特点有以下三个：

（1）股权众筹的参与者多，专业性不高。融资项目在股权众筹平台上线后，将面对几千、几万甚至更多的普通投资人的挑选，最终由200个以外的投资人认购众筹金额。几乎所有普通投资人都是通过自己的分析判断在线上作出投资决策的，所以投资的专业性较低。

（2）股权众筹的单笔金额小。因为股权众筹面向的都是普通投资人，缺少专业分析做支撑，而且，普通投资人的投资额都不会很高，因此往往一个股权众筹项目都是由几千元到几万元的小额投资组成的。

（3）股权众筹项目需要的是天使轮融资。鉴于股权众筹的非专业性和小金额数，就决定了这种融资一定是天使轮的，如果企业已经经过了天使轮融资，估值就会被拉高，将不再适合股权众筹。

企业发展期的资本层次

企业发展期已经度过了最脆弱的阶段，生存已经不再是最主要的问题，如何更快速地发展是企业经营者应该考虑的。企业要想发展，就离不开资金的支持。资金越充足，就越有利于企业快速发展。但是，尚处在发展前期的企业，其盈利能力仍不是很强，想要借助自身造血能力实现快速发展是不现实的。企业经营必须在这个阶段再次进行融资，但所找的投资对象已经与初创期不一样了，风险投资（VC）和私募股权投资（PE）将成为主要的合作对象。

从广义上讲，VC泛指一切具有高风险、高潜在收益的投资；从狭义上讲，VC是对以高新技术为主，生产与经营技术密集型产品的投资。

与传统的金融服务不同，风险投资家的投资决策建立在对创业团队受众持有技术和产品认同的基础上，不需要任何财产抵押，直接以资金换取创业企业的股权。

VC的投资阶段包括天使轮、A轮和B轮，以A轮和B轮为主。其特点就体现在"风险"上，为博取潜在收益而承担高风险，主要通过股份增值收益实现。

VC投资模式可以分为风险投资企业家、风险投资公司、产业附属投资公司和天使投资人四类。因天使投资通常属于企业创业之初的资本层次，因此VC投资阶段中天使投资的占比并不大，因此此处仅介绍其他三类投资。

（1）风险投资企业家，所投资本基本属于个人所有。

（2）风险投资公司的种类很多，以风险投资基金为主。风险投资基金一般以有限合伙制为组织形式。

（3）产业附属投资公司，是非金融性事业公司下属的独立风险投资机构，它们代表母公司的利润，主要投资一些特定行业。

如果说VC主要投资发展前期的企业，那么PE则主要投资发展后期的企业，因此更接近扩张期。也就是说，PE投资的项目已经粗具规模，但商业模式尚不够成熟，离上市还有很长的一段路要走。

传统实业投资的运作流程为：原材料→加工生产→销售回款。PE则开创了一条全新的资金运转流程，即项目投资→项目管理→项目退出。

PE先在金融市场募集资金，再选择成长型的未上市企业，通过参股入资的方式进行战略投资。对于融资企业而言，PE不仅可以带来资金，还能带来现金的管理理念及资源，有助于企业实现成长扩张。最后，PE将通过IPO的方式实现资产证券化和资本退出。

PE青睐的企业主要为三种：①具有广泛市场前景的企业；②商业模式先进的企业；③有高水平管理团队的企业。

因为PE是参股入资，且投入资本较大，因此PE在投后管理阶段中的介入程度非常重要。一般情况下，投资金额大小和所占股份比例大小，决定了PE在投后管理中可以获得的权力和需要花费的精力。不论是帮助处于发展关键阶段的企业，还是帮助处于危机中的企业，PE的做法都仅限于重要决策，而非市场经营。

企业扩张期的资本层次

企业进入扩张期，意味着发展到一定规模，且经营状况良好。此时，企业已经完全摆脱了生存压力和发展瓶颈，正在大踏步走在扩张的路上，已经"看到了"自己上市的资格，但并不是真正具有上市资格，毕竟上市是对企业的终极大考，非一般的综合实力难以达到。虽然仍然不能上市，但可以进行一次正式上市的"演练"，即先进入"新三板"市场试试水。

新三板的全称是"全国中小企业股份转让系统"，是经国务院批准设立的继上海证券交易所和深圳证券交易所之后第三家全国性证券交易场所，也是我国第一家公司制运营的证券交易场所，其运营机构为全国中小企业股份转让系统有限责任公司。

新三板最早发源于北京中关村科技园区，由非上市股份有限公司进入代办股份转让系统。因为挂牌企业都是高科技企业，与"旧三板"内的退市企业及原STAO证券交易自动化报价系统、NET系统挂牌企业不同，因此被称为新三板。

2013年，证监会宣布新三板扩大到全国，对所有企业开放，并于次年1月一次性挂牌258家企业，宣告了新三板市场正式成为一个全国性的证券交易市场。

新三板定位于为科技创业创新型中小企业提供投融资服务，不仅是金融服务的实体经济，还是国家经济转型的助推器和金融改革的试验田。

新三板的挂牌门槛低，对利润没有硬性要求，经营者只要规范企业的经营管理，做好信息公开披露，就可以挂牌新三板，成为非上市公众企业。

新三板为挂牌企业提供了多样化的融资方式，其中定向增发是新三板企业融资的主要方式。从定增对象来看，新三板规定挂牌企业定增对象人数不得超过35人，但企业在册股东参与定向发行认购时，不占用35名认购投资人的名额。

在合格投资人认定方面，机构投资者要求必须是注册资本达到500万元以上的法人机构或者实缴出资总额达到500万元以上的合伙企业；自然人投资者需要证券资产市值达到500万元的个人，且需要有两年以上证券投资经验。

新三板企业通过规定企业财务及企业治理，可以获得银行授予的更高评级及授信额度。企业大股东也可以通过股权质押为企业融资。发行优先股、发行中小企业私募债等，也是新三板挂牌企业可以选择的融资方式。

企业在新三板挂牌后，可以选择继续扩大主营业务，为上市奠定基础。此外，挂牌新三板的企业可以选择通过资产重组改善主营业务，资产重组的方法有两种：①通过并购做大做强主营业务；②通过被上市企业收购实现提前退出。

与新三板同为主板市场补充的还有创业板和中小板。创业板也称为二板市场，专为暂时无法在主板上市的科技成长型、自主创新型企业提供融资途径和成长空间。

与主板上市相比，创业板的上市要求比较宽松，但运作要求严格。因此，创业板是一个门槛低、风险大、监管严格的股票二级交易市场。

虽然创业板和中小板是不够主板上市资格的企业的"聚集地"，但两者的定位各有侧重，且发行条件也不相同（见表3-1）。

表3-1 创业板和中小板企业上市条件对比

项目	创业板	中小板
主体资格	①依法设立且持续经营3年以上的股份有限公司；②发行人应当主要经营一种业务，生产经营活动符合法律、法规和公司章程的规定，符合产业政策及环保政策；③最近2年内主营业务和董事、高级管理人员均未发生重大变化，实际控制人没有发生变更	①依法设立且存续经营时间3年以上的股份有限公司；②最近3年内主营业务和董事、高级管理人员均未发生重大变化，实际控制人没有发生变更
股本条件	发行后总股本不得少于3000万元	①发行前总股本不少于3000万元；②发行后总股本不少于5000万元
盈利要求	①最近2年连续盈利，最近2年净利润累计不少于1000万元；②最近1年盈利，最近1年营业收入不少于5000万元（符合其一）	①最近3年净利润均为正数且累计超过3000万元；②最近3年经营活动产生的现金流量净额累计超过5000万元，或者最近3年营业收入累计超过3亿元（符合其一）

续表

项目	创业板	中小板
资产要求	最近一期末净资产不少于2000万元,且不存在未弥补亏损	最近一期末无形资产(扣除土地使用权、水面养殖权和采矿权等后)占净资产的比例不高于20%
募集资金使用	用于主营业务,并有明确的用途	应有明确的使用方向,原则上用于主营业务

注:净利润以扣除非经常性损益前后较低者为计算依据。

企业成熟期的资本层次

经历了快速扩张阶段,企业就进入到了成熟期。在某种意义上,做到行业龙头的民营企业都是"剩"下来的。发展到成熟期的企业,基本具备了上市的资格。上市的最高目标是主板,也称为一板,是传统意义上的股票市场,是一个国家或地区证券发行、上市及交易的主要场所。

主板上市对企业的营业期限、股本大小、盈利水平、最低市值都有非常高的要求,因此,并非所有拟上市的企业都具备主板上市资格,很多企业选择在中小板上市。

中小板主要服务于扩张速度快、盈利能力强的中型发展企业。中小板的流通盘在1亿元以下,是创业板向主板的过渡,在资本架构上从属于主板市场。在中小板上市的企业具有以下三大特点:

(1)稳定且潜力大。中小板上市企业与创业板上市企业相比,发展更稳定；与主板上市企业相比，中小板上市企业成长更快，潜力更大。

（2）区域优势明显。中小板上市企业多数处于我国东南沿海经济发达地区，尤其以江苏、浙江、广东为主。

（3）自主创新能力强。中小板上市企业虽然算不上各行业龙头，但在各自细分领域却都占有非常重要的市场地位。

说完了中小板上市，再来看看主板上市。主板市场先于创业板和中小板产生，在多层资本市场中，规模最大。中小板与主板的上市条件理论上是一样的，包括以下几个方面：

（1）主体资格，包括：①依法设立且合法存续的股份有限公司；②持续经营时间应在3年以上，但经国务院批准的除外；③最近3年内主营业务和董事、高级管理人员均未发生重大变化，实际控制人没有发生变更。

（2）盈利要求，包括：①最近三个会计年度净利润均为正数且累计超过3000万元，净利润以扣除非经常性损益前后较低者为计算依据；②最近三个会计年度经营活动产生的现金流量净额累计超过5000万元，或者最近三个会计年度营业收入累计超过3亿元；③最近一期不存在未弥补亏损。（符合其一）

（3）资产要求：最近一期末无形资产（扣除土地使用权、水面养殖权和采矿权等后）占净资产的比例不高于20%。

（4）股本及公众持股，包括：①发行前不少于3000万股；②上市股份公司股本总额不低于5000万元；③公众持股至少为25%；④如果发行时股份总数超过4亿股，发行比例可以降低，但不得低于10%；⑤发行人的股权清晰，控股股东和受控股股东、实际控制人支配的股东持有的发行人股份不存在重大权属纠纷。

（5）同业竞争。发行人的业务与控股股东、实际控制人及其控制的其他企业之间不得有同业竞争。

（6）关联交易。不得有存在有失公平的关联交易，关联交易的价格公允，不存在通过关联交易操纵利润的情形。

（7）募集资金用途。应当有明确的使用方向，原则上用于主营业务。

（8）限制行为，包括：①发行人的经营模式、产品或服务的品种结构已经或者即将发生重大变化，并对发行人的持续盈利能力构成重大不利影响；②发行人的行业地位或发行人所处行业的经营环境已经或者将发生重大变化，并对发行人的持续盈利能力构成重大不利影响；③发行人最近一个会计年度的营业收入或净利润对关联方或者重大不确定性的客户存在重大依赖；④发行人最近一个会计年度的净利润主要来自合并财务报表范围以外的投资收益；⑤发行人在用的商标、专利、专有技术以及特许经营权等重要资产或技术的取得或使用存在重大不利变化的风险；⑥其他可能对发行人持续盈利能力构成重大不利影响的情形。

（9）违法行为，包括：①最近36个月内未经法定机关核准，擅自公开或者变相公开发行过证券，或者有关违法行为虽然发生在36个月前，但目前仍处于持续状态；②最近36个月内无其他重大违法行为。

（10）发审委，设主板发行审核委员会，共25人。

（11）初审征求意见。征求省级人民政府、国家发改委意见。

第四章
融前准备，对接资本

融资可以看作资本博弈之战，投融资双方围绕融资相关的方方面面短兵相接。而影响融资结果的既有融资过程的博弈，也有融资之前的准备。因此，作为融资方，必须做好融资前的各项准备，从选择资本开始，到材料、法务、财务的准备、筹划与审计，再到股权结构的调整、有效估值与融资额度的确定，都属于融资前期的工作范畴。本章将针对这7项作出详细讲解，便于企业经营者正确操作，更从容地与资本对接。

企业融资前的资本选择

寻找投资是技巧性非常强的活动，找到投资方本就困难重重，若要找准投资方就更是难上加难。

融资是经营者与投资者相互选择的过程。投资方会根据拟投资企业的经营状况进行详细调研，包括企业的管理模式、股权结构、盈利能力、项目质量、技术力量、团队构成、发展战略、企业风险控制等，结合各方情况综合考量拟投资企业的发展前景，以及能给投资方带去的可能性收益和潜在风险。但是，本书的宗旨是帮助创业者和经营者进行更有效的融资，关注的焦点也在融资方如何获得融资和使用所融得的资金，因此不对投资方如何进行投资做详细解读。

融资企业选择投资方，不仅要关注投资方的资金实力和投资决心，更要关注投资方能否为被投资企业带来战略价值。对于战略价值的理解，很多企业经营者停留在表面，例如，认为投资方能为被投资企业吸引更多的流量或者补齐经营的可见性短板，若投资方能带来这样的好处，也的确可以看作为被投资企业带来了战略价值。但是，只有这些是不够的，并不能改变企业经营中实际出现的问题。例如，引来的流量只能用于一时，风头过了就会逐渐失效，甚至往往比风头制造前的状况还要差；再如，企业经营的可见性短板是资金缺乏和技术深度不够，投资方带来了这两项资源，但资金总有用完的时候，技术也总会被追赶上，若不能实现自己造血和自主研发，投资方带来的助益将很快消耗殆尽。

那么，融资企业应该关注投资方带来的哪些战略价值呢？

1. 上下游资源

对于融资企业而言，投资方给予的资金之外的战略、资源、人才等方面的支持也同样重要。优质的投资方会根据所投资项目的发展情况及时向被投资企业提供资金及后续的资源支持，既有助于项目的长久发展，也能提升投资回报率。

2. 市场敏锐度

投资是高危型经营活动，投资方需要了解拟投资企业所在行业的发展趋势，快速洞察市场风险，诊断投资企业的发展瓶颈。很多经验丰富的投资方会将思维调整到3~5年后，企业为投资行为所制定的所有战略方向也都建立在这一点上，同样为拟投资企业进行的投资规划也建立于此。因此，具有战略性和全局性目标的投资方，往往不会在乎所投资项目当前的盈利情况，而是更关注项目在未来能创造的价值。

3. 核心能力

投资方可以向被投资企业提供的生态扶植、用户挖掘、数据运营等具有战略性价值的支持，在这方面被投资企业基本无法通过自己实现，只有在投资方的帮助下才能完成。如果被投资企业能得到所在行业巨头的投资，则会产生强大的品牌背书效果，为后续发展打下良好的品牌基础。

总之，企业选择投资方，一定要充分利用竞争性思维和发展性思维，思考投资方希望达成怎样的战略协同，竞争对手会采用何种战略，投资方的竞争对手会怎样进行应对等。当投资方带着用钱也买不到的战略资源和业务协同效应进行投资时，不仅会强力拉动被投资企业的行业地位，还可能直接改变当前的竞争格局。

企业融资前的材料准备

尽管不同的融资方式要求的融资材料各异，但整体上有一些融资材料是在进行融资前必须准备好的。至少需要一份融资企业简介、执行摘要、融资演示文件、商业计划书，有些投资方还会要求融资企业准备一份私募备忘录。

相对于过去的纸质融资材料，如今的融资材料基本都通过电子邮件发送。虽然表象形式改变了，但对内在的要求却是一样的。融资材料的内部质量非常关键，包括内容质量和视觉效果两大方面。所发送的融资材料不能只考虑设计感和视觉上的吸引力，而忽略实质性内容的表述。这种过度装饰融资信息的行为完全是舍本逐末，不能聚焦于内容，也不能让演示经得起考验。但也有一些融资材料非常注重内容表述，力求形式上的简化，结果却因缺乏设计感而让阅读变得不那么容易，给融资可行性带来了负面影响。

可见，融资材料既不能流于表面设计，也不能只顾内容输出，而要两者兼顾，做到陈述清晰简练、逻辑连贯通顺、设计新颖独特，以方便投资方看得明白、理解透彻为主要目的。

此外，不要认为发给投资方一份各项内容都包含的融资材料，就可以面谈沟通细节了，需要意识到发给投资方的所有材料，通常既是给投资方留下的第一印象，也可能是最后的印象。所以，务必要认真准备融资材料，要让陈述充实，并能经得起检验。

最后，融资企业需要明白投资方的一些隐性要求，例如最关键的产品提供，因为投资方也需要"眼见为实"。即便是一家处于非常早期阶段的企业，也需要给投资方提供一款原型产品或者演示版产品。

融资材料是融资企业与投资方开始接触的第一步，事关能否进行实质性融资接触，可以说是最关键的环节。下面，就针对融资所需要准备的材料进行逐一详细讲解。

1. 企业简介

融资企业需要准备几段可以用在电子邮件正文中发送的文字，通常称为电梯间推销，意思是要在乘电梯从一楼到投资方办公室楼层的这段时间内介绍完毕。

切记：不要把这项内容与执行摘要混淆。企业简介是 1～3 段的篇幅，卸载邮件正文（不需要单独作为附件发送），直接描述企业的产品、团队、业务和发展规划。此外，还可以包括开篇的一段自我介绍（特别是被引荐给投资方时）和最后一段总结（明确提出下一步的需要）。

2. 执行摘要

融资企业需要准备一份介绍产品、创意、团队、业务及其他相关情况的资料，要做到语言简练、逻辑顺畅。对于那些还没有与融资企业建立联系的投资方，这可能就是双方互动的第一份重要文件，是给投资方的第一印象。

虽然执行摘要的篇幅较为简短（以 1～3 页为宜），但其中包含的实质性内容越多，投资方越有可能相信融资企业的经营者是谨慎思考过创业与经营计划的。在实务操作中，一些融资企业的执行摘要会漏掉一些关键信息，投资方会认为融资企业经营者并没有深入考虑过或者在刻意掩盖企业的一些不良状况。可以想象，如果将一份糟糕的执行计划发送给投资方，则融资注定未开始就已经结束了。

在执行摘要里，融资企业必须介绍能解决用户的什么问题，为什么要解决这类问题，阐述产品为什么令人惊叹，为什么比市面上现有的产品好，为什么自己的团队最适合开发这种产品，等等。

执行摘要中还要向投资方提供一份高水平的财务数据，用以展示经营者对企业未来的业绩有积极期待的原因，而非盲目乐观。

3. 演示文件

不能简单地认为融资演示文件就是 PPT，因为还有其他的制作方式。

如果发送给投资方的企业简介和执行摘要打动了对方，就会被要求做一次现场演示（也需要演示文件）或者将演示文件发送给他们。

融资演示文件通常为 10～20 页的幻灯片，是对融资企业的实质性介绍。针对不同的场合，会有很多不同的演示方式和方法，具体采用哪一种方式或方法取决于观众（投资方）和场合（是一个投资人、一家投资机构、多家投资机构在场的投资见面会等）。

演讲的目的是传达与执行摘要相同的信息，只是采用视觉演示的方式，内容更加详细，应包括产品要解决的问题、市场的规模、团队的优势、竞争的优势、发展计划和企业现状；此外，还应包括各种数据摘要（如产品数据、竞品数据、财务数据等）、资金使用计划、里程碑事件和关键案例。

融资演示文件的风格有很多种，如本地融资路演活动的 3 分钟演示，投资人见面会上的 8 分钟演示，给风险投资机构合伙人做的 30 分钟演示……虽然风格各不相同，但都需要对观众（投资方）有准确的了解，针对他们的需求来设计和调整演示的内容与方式。因此，融资企业需要精心准备演示的流程和格式，一场精心设计、条理清晰的幻灯片演示会带来极强烈的正面效果。

简洁是给投资方做演示的必然性要求，实务操作中，很多优秀的融资演示文件甚至会压缩在 10 页幻灯片以内。

4．商业计划书

商业计划书通常是一份 30 页左右的文件，分为若干个章节，其中非常详细地介绍了企业的各个方面，即将执行摘要扩展成详细的章节内容，包括市场、产品、目标受众、竞争情况、市场进入战略、企业发展规划、管理团队和财务状况等。

现在商业计划书有多种不同的写作方式，但核心是以用户为中心来写，呈现企业的经营理念、业务假设和未来预测等。

商业计划书同样需要简洁，虽然传统计划书是 30 页左右，但若能简洁清晰地将所要阐述的内容组织起来，则更加符合现代商业计划书和融资特征的形式。

5. 私募备忘录

私募备忘录（Private Placement Memorandum，PPM）本质上以商业计划书的内容为基础，加上法律免责声明（法律免责声明的篇幅根据具体情况而定）而成。鉴于法律免责声明的复杂性，需要邀请专业律师来校对文件，以确保其中没有让融资企业惹上官司的条款。

通常只有在投资银行家参与并向大型机构融资时才需要一份私募备忘录。但投资备忘录的篇幅正在逐渐缩减，不再长篇大论。

6. 演示版产品

投资方可以从演示版产品中了解到很多东西，比任何文本文件带来的都更多。同时，投资方还可以通过演示版产品与融资企业直接对话，以便更直接地了解融资企业对现有产品和未来产品的想法。

因此，对于早期企业而言，演示版产品的重要性并不比商业计划书低，可以向投资方展示出创造有实质内容的东西。投资方则并不需要了解演示版产品的每一项功能，只须用演示的方式了解产品可以解决什么问题即可。

企业融资前的法务筹划

本节将详尽阐述融资企业的法务筹划，包括以下四个方面的内容。

1. 审查公司主体

这包括三个方面的内容。

（1）企业设立和程序：包括成立时间、注册资本、是否合法设立、是否经过股权变更、公司章程及修正次数等。

（2）经营范围：一家企业的经营范围是经过法律许可的，只能在范围内经营，不能超范围经营。

（3）企业证照：各种类型的企业具有不同的证照类型（一个或多个），投资方检查企业证照的意义在于确定企业是否具有行业资质。

2. 考察资产权利

投资方必然希望拟投资企业的资产权利完整，没有瑕疵，包括商标权、网站域名、AA 名称等。

如果融资企业未能在融资之前做好相关准备，就有可能在资产权利方面出现问题。例如，某公司花费了大量时间与资金推广的品牌商标却并没有注册下来，因为提交的商标与注册标准不符合要求，不久又被其他企业控诉侵害了商标权，不仅融资泡汤了，还要面临败诉的局面。

其实，商标方面的问题并不难避免，如果经营者对于这方面的事情不熟悉，可以聘请专业代理机构帮忙，彻底排除隐患。

对于拥有网站的企业，尤其是主营互联网的企业，域名的注册也同样重要。通常企业名称、品牌与网站域名是一致的，因此要越快注册越好，如果已经被其他企业抢先注册，可以另选域名或者协商购买。

与商标和域名类似的是App名称，不仅要快速注册，还要实施保护措施。除了常规使用的商标、域名、App名称，还要多注册一些与现有商标、域名、App名称相似的、容易产生混淆的商标、域名或App，以避免第三方注册，对企业造成不良影响。更进一步的做法是将相似的商标、域名、App名称注册在与企业产品或服务相近的类别上。例如，企业计划为"光纤通信"注册商标，除了要在"通信服务"类别上注册商标外，还应在"办公事务""计算机编程及相关服务"等类别上注册商标，这样做的好处是避免第三方使用相同商标对企业的光纤通信业务造成影响。

3. 商会议事规则

这里的所谓商会，是指股东会、董事会和监事会。其中，投资方最关注的是董事会，因为董事会和管理层一起享有企业的经营权，董事会席位关系到企业的控制权。

根据《中华人民共和国公司法》的规定，有限责任公司的董事会成员为3~13人，股份有限公司的董事会成员为5~19人，且需要5名以上董事。通常，董事会席位设置为单数，避免决策时陷入投票僵局。

因为企业后续融资会陆续带来新的投资人，董事会成员人数会逐渐增加，因此建议企业将首轮融资后的董事会人数设定在 3～5 人，或者是 2 名普通股股东 +1 名投资人的 3 名董事会成员，或者是 3 名普通股股东 +2 名投资人的 5 名董事会成员。

根据《中华人民共和国公司法》第三十七条的规定，股东会可以行使的职权如下：

（1）决定公司的经营方针和投资计划。

（2）选举和更换非由职工代表担任的董事、监事，决定有关董事、监事的报酬事项。

（3）审议批准董事会的报告。

（4）审议批准监事会或者监事的报告。

（5）审议批准公司的年度财务预算方案、决算方案。

（6）审议批准公司的利润分配方案和弥补亏损方案。

（7）对公司增加或者减少注册资本作出决议。

（8）对发行公司债券作出决议。

（9）对公司合并、分立、解散、清算或者变更公司形式作出决议。

（10）修改公司章程。

（11）公司章程规定的其他职权。

监事会由股东会选举的监事以及由职工民主选举的监事组成，与董事会并列设置，是对董事会和总经理行政管理系统行使监督的内部组织。

根据《中华人民共和国公司法》第五十三条的规定，监事会、不设监事会的公司的监事行使下列职权：

（1）检查公司财务。

（2）对董事、高级管理人员执行公司职务的行为进行监督，对违反法律、行政法规、公司章程或者股东会决议的董事、高级管理人员提出罢免的建议。

（3）当董事、高级管理人员的行为损害公司的利益时，要求董事、高级管理人员予以纠正。

（4）提议召开临时股东会会议，在董事会不履行本法规定的召集和主持股东会会议职责时召集和主持股东会会议。

（5）向股东会会议提出提案。

（6）依照本法第一百五十一条的规定，对董事、高级管理人员提起诉讼。

（7）公司章程规定的其他职权。

4．整理劳动合同

劳动合同是企业与员工确立劳动关系，明确双方权利和义务的协议。签订和修改劳动合同的双方应当遵守平等自愿、协商一致的原则，同时符合法律、法规的规定。

《中华人民共和国劳动合同法》第十条："建立劳动关系，应当订立书面劳动合同。已建立劳动关系，未同时订立书面劳动合同的，应当自用工之日起一个月内订立书面劳动合同。用人单位与劳动者在用工前订立劳动合同的，劳动关系自用工之日起建立。"

因此，企业招入的每一名员工都应当与其签署劳动合同，试用期间的也应签署，最迟不要超过1个月。

《中华人民共和国劳动合同法》第八十二条："用人单位自用工之日

起超过一个月不满一年未与劳动者订立书面劳动合同的，应当向劳动者每月支付 2 倍的工资。用人单位违反本法规定不与劳动者订立无固定期限劳动合同的，自应当订立无固定期限劳动合同之日起向劳动者每月支付二倍的工资。"

企业与员工签订劳动合同时，需要注意以下四个方面的内容：

（1）选择劳动合同的类型。劳动合同分为三个类型：①固定期限劳动合同：企业与员工约定合同终止时间的劳动合同。②无固定期限劳动合同：企业与员工约定无确定终止时间的劳动合同。通常满足：劳动者在用人单位连续工作满十年的；用人单位初次实行劳动合同制度时，劳动者在该用人单位连续工作满十年且距法定退休年龄不足十年的；连续订立两次固定期限劳动合同，且劳动者没有《中华人民共和国劳动合同法》第三十九条和第四十条第一项、第二项规定的情形，续订劳动合同的，除劳动者提出订立固定期限劳动合同外，应当订立无固定期限劳动合同。③单向劳动合同：企业与员工签订以某项工作的完成为期限的劳动合同。

（2）注意劳动合同的有效性。根据《中华人民共和国劳动合同法》第二十六条的规定，劳动合同无效或者部分无效的情形包括：①以欺诈、胁迫的手段或者乘人之危，使对方在违背真实意思的情况下订立或者变更劳动合同的；②用人单位免除自己的法定责任、排除劳动者权利的；③违反法律、行政法规强制性规定的。

（3）设立违约条款。违约条款应包括服务期和保密事项等约定。《中华人民共和国劳动法》第一百零二条："劳动者违反本法规定的条件解除劳动合同或者违反劳动合同中约定的保密事项，对用人单位造成经济损失的，应当依法承担赔偿责任。"根据《违反〈劳动法〉有关劳动合同规定的赔偿办法》的规定，劳动者违反规定或劳动合同的约定解除劳动合同，对用人单位造成损失的，劳动者应赔偿用人单位的损失，包括：①用人单位招收录用其所支付的费用；②用人单位为其支付的培训费用，双方另有约定的按约定办理；③对生产、经营和工作造成的直接经济损失；④劳动合同约定的其他赔偿费用。同时，该《办法》还进一步规定了劳动者违反劳动合同中约定的保密事项，对用人单位造成经济损失的，按《反不正当竞争法》第二十条的规定支付用人单位赔偿费用。

（4）及时根据实际情况变更条款内容。如果员工的岗位、薪资发生了变化，或者企业发生了合并、分立等情况，企业应当及时变更劳动合同中的相关条款内容，避免今后可能产生的劳动纠纷。任何投资方都会关注拟投资企业的员工情况和合同签订情况，这关乎拟投资企业的经营合法性，试想，一个与员工的劳动合同都不能正确正规签订的企业，投资方会进行投资吗？！

企业融资前的财务审计

本节详尽阐述融资企业的财务审计，共包括四个方面的内容。

1. 检查银行对账单和流水账单

银行对账单是银行和企业核对账单的联系单，具有证实企业业务往来记录的作用。在融资过程中，银行对账单可以作为企业资金流动的依据，帮助投资方认定企业某一时段的资金规模。

银行流水账单也称为银行卡存取款交易对账单或者银行账户交易对账单，是用户在一段时间内与银行发生的存取款业务交易清单。

获取银行对账单与银行流水账单的程序，决定了两者间具有不同的财务风险和需要进行不同的审计方式。

银行对账单由银行直接提供给企业，再由企业提供给审计人员，过程中有可能存在被篡改的风险。检查银行对账单应该结合银行流水账单、销售收入明细账、成本费用明细账以及用户的上下游合同一起做综合比较。

银行流水账单一般是审计人员和企业财务人员一起到银行打印，因为银行和企业合谋篡改的可能性几乎不存在，因此可信度接近百分之百。即便如此，仍然需要履行检查责任。如何做呢？方法很简单，随便找一笔交易，然后打电话到银行，根据流水单上的明细输入要查询的日期，如果与银行客服所报的内容一致，则没有问题，反之则有假。

一般情况下，银行对账单与银行流水账单的内容是一样的，如果内容对不上，则银行对账单有作假嫌疑。具体检查银行对账单的方法，需要参考以下六点：

（1）查看银行对账单、银行流水账账单是否有与之匹配的合同或者进出库票据以及其他辅助证明材料。

（2）查看（需一一核实）银行对账单贷方发生额与银行流水账单（包括员工、企业领导私人卡）数字上是否有来回走账的可能。很多企业为了避税选择走私人卡，因此数据的准确性需要调查与核实。

（3）贷方发生额通常会大于企业当期的销售收入，如果贷方发生额小于企业当期的销售收入，说明销售收入可能造假，但并不绝对，因为贷款也可能是实收现金。

（4）看是否有节假日期间对公业务结算的情况，因为银行在节假日不对外办理对公业务，如果节假日发生对公业务结算情况，则银行对账单就是假的。

（5）在银行对账单中找出大额资金项，对应合同、发票、收据、出库单等进行核实印证，看企业的结算交易记录是否真实一致，若两者对应数据一致，则交易的真实性高。

（6）企业资金的流入流出与业务交易不能保持一致，如交易金额大多在几百万元，而银行对账单金额却在十几万元到几千万元之间徘徊，那么就须格外注意。

2. 分析资产负债表

资产负债表与经营损益表、现金流量表，并称为企业的三大财务报表。在财务审计时，这三张表格都具有审查价值。

资产负债表是反映企业在某一特定日期的资产、负债及其所有者权益规模和构成等财务状况的会计报表（见表4-1）。

表4-1 资产负债表

编制单位：XX公司　　　　　时间：2022-12-22　　　　金额单位：万元

资产	年初数	期末数	负债及所有者权益	年初数	期末数
流动资产：			流动负债：		
货币资金			短期借款		

续表

资产	年初数	期末数	负债及所有者权益	年初数	期末数
应收账款			应付账款		
应收票据			应付票据		
应收股利			应付股利		
预付款项			应付利息		
存货			预收款项		
其他流动资产			应交税费		
流动资产合计			应付工资		
			其他流动负债		
			流动负债合计		
非流动资产：			非流动负债：		
可供出售金融资产			长期借款		
持有至到期投资			应付债券		
长期应收款			长期应付款		
长期股权投资			其他非流动负债		
投资性房地产			非流动负债合计		
在建工程			负债总计		
长期待摊费用			所有者权益：		
其他非流动资产			实收资本		
非流动资产合计			盈余公积		
资产总计			未分配利润		
			所有者权益合计		
			负债及所有者权益总计		

资产负债表的基本结构是：资产＝负债＋所有者权益，无论企业经营状况是盈利还是亏损，这一等式永远成立。

资产负债表为判断企业经营和财务状况提供了三项帮助：①某一日

期资产的总额及其结构，表明企业拥有或控制的资源及其分布情况；②某一日期负债的总额及其结构，表明企业未来需要用多少资产或劳务清偿债务，以及清偿债务的时长；③某一日期权益所有者的权益，表明所有者在企业资产中享有的经济利益。

其中，左侧"资产"反映的是资金在企业运用后形成的各项具体形态；右侧"负债及所有者权益"反映的是企业资金的两种来源，负债表示债权人借入，所有者权益表示权益资本投资者投入或企业利润留存。

债权人享有企业全部资源的要求权，企业以全部资产对不同债权人承担偿付责任；在负债偿清后，余下的才是所有者权益，即企业净资产。

3. 审查经营损益表

经营损益表也称为利润表，反映企业在某一个会计期间内经营成果的会计报表，以此了解该会计期间企业是盈利还是亏损（见表4-2）。

现金流量表为判断企业经营和财务状况提供了四项帮助：①一定期间企业的利润构成，表明企业从经营活动和非经营活动中分别取得了多少利润，用以判断企业盈利能力的持续性；②一定期间企业收入与成本的信息，通过将收入与成本匹配，计算企业的毛利率，用以判断企业的利润空间；③从管理费用、财务费用和销售费用三项期间费用的趋势变化和比例，来判断企业的管理水平；④从净利润反映出企业生产经营活动的成果，从每股收益判断企业资本的保值、增值情况。

表4-2　经营损益表

编制单位：XX公司　　　　　填表日期：2022-12-22

所属时期：　　年　月　日至　　年　月　日　　金额单位：元（列至角分）

项目	本期金额	上期金额
一、营业收入		
减：营业成本		
营业税金及附加		
销售费用		
管理费用		
研发费用		
财务费用		
其中：利息费用		
资产减值损失		
加：公允价值变动收益（损失以"—"号填列）		
投资收益（损失以"—"号填列）		
其中：对联营企业和合营企业的投资收益		
二、营业利润（损失以"—"号填列）		
加：营业外收入		
减：营业外支出		
其中：非流动资产处置损失		
三、利润总额（损失以"—"号填列）		
减：所得税费用		
四、净利润（损失以"—"号填列）		
（一）持续经营净利润		
（二）终止经营净利润		
五、其他综合收益的税后净额		
1.可供出售金融资产公允价值变动损益		
2.现金流量套期损益的有效部分		

续表

项目	本期金额	上期金额
3.外币财务报表折算差额		
六、综合收益总额		
七、每股收益：		
（一）基本每股收益		
（二）稀释每股收益		

其中，"营业收入"是企业通过经营活动获得的主营业务收入和其他业务收入，因经营活动具有很强的规律性，因此营业收入具有重复性和可预见性；"营业利润"是企业规律性经营行为形成的利润，在此基础上先加上"营业外收入"，再减去"营业外支出"，得到企业"利润总额"；"利润总额"通过计算"营业收入"和"营业利润"得出；在"利润总额"的基础上扣除所得税后，得到企业的"净利润"；"每股收益"是具体经营结果的市场表现；"其他综合收益的税后净额"和"综合收益总额"并非必有项。

4. 符合现金流量表

现金流是企业在一定时期的现金和现金等价物的流入与流出的数量。因此，现金流量表就是反映企业在一定会计期间的现金和现金等价物流入和流出的会计报表（见表4-3）。

现金流量表为判断企业经营和财务状况提供了四项帮助：①了解企业获取现金和现金等价物的能力（企业的主体现金是经营活动产生的，还是向债权人借入的或是投资者投入的），并据此预测企业未来现金流量；②评价企业的支付能力、偿债能力和周转能力；③分析企业收益质量及影响现金流量的因素；④掌握企业经营活动、投资活动和筹资活动的现金流量，进而了解净利润的质量。

表4-3 现金流量表

编制单位：XX公司　　　　　时间：2022-12-22　　　　金额单位：元

项目	本年金额	本月金额
一、经营活动产生的现金流量：		
销售商品、提供劳务收到的现金		
收到的税费返还		
收到其他与经营活动有关的现金		
经营活动现金流入小计		
购买商品、接受劳务支付的现金		
支付给员工及为员工支付的现金		
支付的各项税费		
支付其他与经营活动有关的现金		
经营活动现金流出小计		
经营活动产生的现金流量净额		
二、投资活动产生的现金流量：		
收回投资所收到的现金		
取得投资收益收到的现金		
处置固定资产、无形资产及其他长期资产收回的现金净额		
收到其他与投资活动有关的现金		
投资活动现金流入小计		
投资支付的现金		
购建固定资产、无形资产及其他长期资产支付的现金		
取得子公司及其他经营单位支付的现金净额		
支付其他与投资活动有关的现金		
投资活动现金流出小计		
投资活动产生的现金流量净额		

续表

项目	本年金额	本月金额
三、筹资融资活动产生的现金流量：		
吸收投资收到的现金		
取得借款收到的现金		
收到其他与筹资融资活动有关的现金		
筹资融资活动现金流入小计		
偿还借款本金支付的现金		
偿还借款利息支付的现金		
分配利润支付的现金		
分配股利支付的现金		
支付其他与筹资融资活动有关的现金		
筹资融资活动现金流出小计		
筹资融资活动产生的现金流量净额		
四、现金及现金等价物净增加额：		
加：期初现金及现金等价物余额		
减：期末现金及现金等价物余额		

注意：有时还要考虑汇率变动对现金及现金等价物的影响，在必要时加入此项，列在"现金及现金等价物净增加额"之上。

企业融资前的股权结构

本节详细阐述融资企业的股权结构。融资企业的股权结构设计既要有远见，能设计到上市，以至上市后的持续经营，也要通过股权架构设计进行控制权设计和财税统筹，主要包含以下三个方面的内容。

1．股权分配模式

股权结构是企业治理的基础，不同的股权结构设计决定了不同的企业治理结构，直接影响到企业的经营行为和经营前景。

股权结构中最糟糕的设计是股权平分和股权过于分散，两种模式都会导致企业内部没有实际控制人，遇到重大决策问题容易陷入僵局。我们把这两种股权结构称为"癌症股权"。如果企业是这两种股权结构，那么投资方通常会避而远之。

实际情况下，造成股权平分的原因往往是创业期的"情感因素"，多是因为创业者彼此是好友兼合伙人，平分大家感觉快乐。但这种快乐是短暂的，有了利益瓜葛而又权责利划分不清时，就会引发冲突。

那么，创业期究竟该依据什么划分股权呢？我们认为一个好的股权设计主要看四个方面：股东基因、股东类型、股权比例和股权规则。这四个方面要协同，仅仅依据出资额度是绝对不行的，还要考虑创始人身份、早期合伙人身份（包括创始人）和岗位贡献，综合考量才能制定出最合理的股权结构。下面举例说明股权结构设计中的一种方式。

（1）股权结构划分中影响最大的是创始人（CEO），是企业的发起人兼核心股东、项目牵头人，拥有这一身份的人应该独占一定比例的股权，参考值为25%左右。

（2）早期合伙人应当获得的股权比例应低于创始人，根据早期合伙人的多少来平均分配该配额的股权比例，参考值为总和的10%左右。

（3）出资额度对股权分配的影响在于全职的早期合伙人中，提供现金或渠道资源等可以获得额外股权（不包括外部天使资金或种子资金）。这部分的股权比例额度应按早期合伙人实际出资比例进行分配，参考值为总和的 20% 左右。

（4）岗位贡献是早期合伙人所在岗位能给企业带来的预期业绩贡献，只有全职创业的早期合伙人才能获得这部分股份，参考值为总和的 15% 左右。

综上所述，这种股权方案比较合理，既能体现对人才的重视，也能考虑到早期合伙人的资本注入情况。

某外贸公司由甲牵头创立，乙和丙作为合伙人参与投资创办。三人的投资额都是 50 万元，甲作为公司法人代表和总经理，负责公司经营；乙负责提供渠道并不参与经营管理；丙属于兼职投资创业。那么，三人的股权应如何划分呢？

确定甲的股权：①拥有创始人身份，独占 25% 的股权；②属于早期合伙人，得到 4% 的股权；③具有相同的出资贡献，获得 7% 的股权；④具有最大的岗位贡献，获得 10% 的股权。得出甲所占股权为 46%。

确定乙的股权：①属于早期合伙人，得到 3% 的股权；②具有相同的出资贡献，同时具有渠道资源贡献，得到 7% 的股权；③具有一定的岗位贡献，获得 5% 的股权。得出乙所占股权为 15%。

确定丙的股权：①属于早期合伙人，得到 3% 的股权；②具有相同的出资贡献，得到 7% 的股权。得出丙所占股权为 10%。

该公司为了确保融资后的经营权始终掌握在创始人团队手中，甲、乙、丙三人签署了《投票权委托协议》，规定乙和丙的投票权由甲代为行使。

此外,股权分配之前应预留部分股权池,比如上述理论留出了29%的股权,确保了企业前两三轮融资不会稀释实际控制人的股权比例。

2. 股权成熟设计

股权有"已成熟"和"未成熟"两种。已成熟是达到了股权兑现条件,能够由名义上的股权持有者变成正式的股权持有者,并能自由支配;未成熟是未达到股权兑现条件,名义的股权持有资格将部分丧失,且不能自由支配未成熟部分的股权,必要时要退回这部分股权。

股权成熟机制对创业企业有两个好处:绝对公平和吸引人才。因此,股权是否成熟的机制设定必须严谨,既要保证企业利益,也要保证个人利益。

通常情况下,股权成熟以"年"为单位划分。事先通过协议确定成熟的年限要求(统一年限与分段年限),在满足年限要求后,股权成熟。

甲、乙、丙三人合伙创业,股权比例是6∶3∶1。两年后因公司经营未见起色,丙决定退出,但他手上还持有10%的公司股份。根据合伙协议约定,股权按四年成熟。具体规则是:每位创始人股东的股权被均分为四份,每满一年成熟25%,四年期满后,所有股权全部成熟。

丙干了两年,可以享有自己所持股份10%的一半,即5%,剩下的5%就不属于丙了。成熟的5%的处理方式,由其余创始人股东按照协议约定的价格进行现金回购。"无主"的5%有两种处理方法:①强制分配给甲和乙,可以均分,也可以按照现有持股比例确定;②以不同的价格按公平的方式分配给甲和乙,将来可以重新找合伙人代替丙的位置。

3. 股权激励考核

企业实施股权激励的目的是让内部人员的工作积极性得到最大限度的激发,以保证企业战略目标的完成。在实行股权激励的过程中,行权条件是其最为关键的环节,而考核指标、考核方法在很大程度上决定了行权条件的有效性,影响着整个股权激励计划的最终效果。

股权激励计划的考核分为两个方面:企业业绩考核与激励对象绩效考核。两类考核对象的要求有所不同。

(1)企业业绩考核。企业必须在达到预期战略目标后,才能实施股权激励计划,否则激励计划作废。常用的考核标准有三个:①净利润增长率,也称为税后利润,是利润总额减去所得税后的余额,代表企业的最终盈利。净利润增长率越大,说明企业的盈利能力越强;越小,说明企业的盈利能力越弱。②净资产增长率,又称为股东权益报酬率或者净值报酬率,是企业税后利润除以净资产得到的百分比率,反映出股东权益的收益水平及企业自由资本获得净收益的能力。③经济增加值,是指从税后净营业利润中扣除包括股权与债务的全部投入资本成本后的所得,核心是资本投入前是有成本的,只有当企业的盈利高于其资本成本时,股东手中的股权才能增值。

(2)激励对象绩效考核。企业在既定的战略目标下,通过特定的指标对激励对象的工作行为与业绩进行考核,并根据考核结果对其进行正面引导。常用的考核标准有三个:①目标管理法。是一种将企业的整体目标逐级分解为个人子目标,然后依据考核对象完成目标的实际情况进行考核的方法（见图4-1）；②平衡计分卡。以企业的财务、用户、业务、成长四个维度为切入点，把企业的战略目标逐步分解转化为相互平衡的绩效考核指标体系，同时对这些指标的完成情况进行考核（见图4-2）；③关键绩效指标。对企业内部某环节的输入与输出的关键参数进行设置、取样、计算、分析。这是一种目标式量化管理指标，将企业的战略目标分解为可操作的工作目标的工具，因此需要遵守具体的、可度量的、可实现的、与目标具有相关性的、有时限的原则。

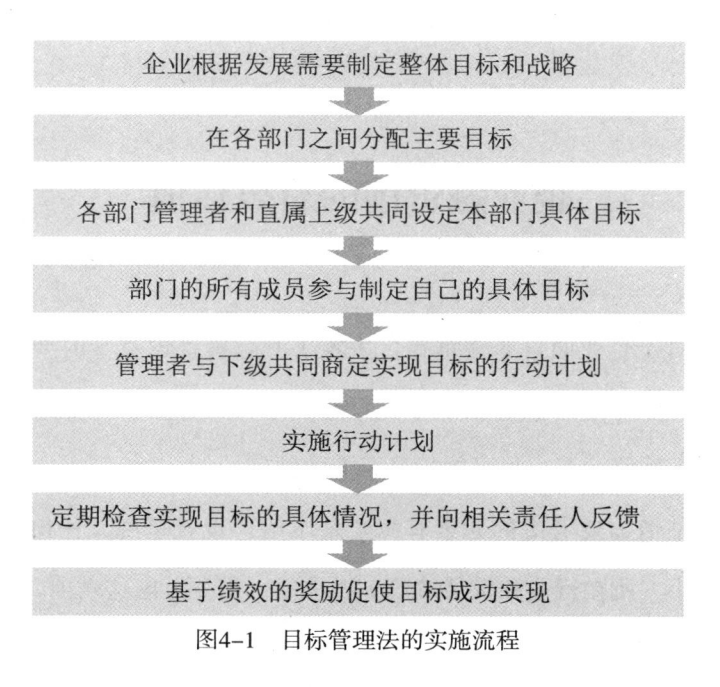

```
企业根据发展需要制定整体目标和战略
        ↓
在各部门之间分配主要目标
        ↓
各部门管理者和直属上级共同设定本部门具体目标
        ↓
部门的所有成员参与制定自己的具体目标
        ↓
管理者与下级共同商定实现目标的行动计划
        ↓
实施行动计划
        ↓
定期检查实现目标的具体情况，并向相关责任人反馈
        ↓
基于绩效的奖励促使目标成功实现
```

图4-1　目标管理法的实施流程

建立愿景	根据所处行业和企业的实际经营情况,建立长期的愿景与战略,同时成立平衡计分卡小组,向员工解释该愿景,并制定财务、客户、成长、业务四个维度的集体目标
建立绩效指标体系	依据企业愿景和长短期发展需要,制定考核指标,并获得各级员工的认可,以达到指标的平衡性与合理性
沟通倡导	利用各种沟通渠道,让各级员工了解企业的目标与绩效衡量指标,为平衡计分卡的顺利实施打下基础
确定具体数字	结合企业的计划和预算,确定绩效衡量指标的具体数字,并注意各指标之间的因果、驱动和连接关系
完善绩效指标体系	根据企业的实际情况,检查考核指标体系的合理性、科学性、正确性,改善其中的不足之处

图4-2 平衡计分卡的实施要点

企业融资前的有效估值

估值对于企业而言非常重要,决定了其融资换取资金时要向投资者付出多少股权。进行企业估值不能只想到用什么方法对企业最有利,还要全面考虑估值元素,尽可能抬升企业的估值。

企业估值需要考虑的元素有六个基本项,也就是说,任何企业(无论规模大小、所在行业和发展阶段)做估值,都要考虑这六项。

(1)现金。再小的企业也会有一定的流动现金和可折现的物品,将现金和所有能折现的东西都核算进去,哪怕是几元钱的办公用品,对于早期企业而言,也是很宝贵的。

(2)股权。企业的高速发展离不开稳定的股权架构,投资方不仅要看投资能给自己带来多少股份，更要看融资企业的股权架构是否合理，只有合理的股权架构才能保证企业在发展的道路上不会被内乱拖垮。

（3）技术。融资企业的技术能力对于投资方的影响非常重要，那些打着最新技术的企业总能更容易地获得融资。

（4）资源。融资企业自身的资源实力也是投资方重点考察的内容，因为企业的生存发展离不开资源的助益，包括渠道资源、市场资源、技术资源、人脉资源等。

（5）知识产权。知识产权不仅指专利技术，还包括企业名称、商标、域名、App等。融资企业是否具有知识产权意识，是否将企业的知识产权进行足够的保护，都是投资方要关注的，因为投资方都不想看到企业发展得正如火如荼时被突如其来的知识产权纠纷给扼杀。同时，投资方还要通过给知识产权赋予实质价值对融资企业价格进行评估。

（6）劳务。以劳动形式为他人提供服务，如果融资企业的服务是全新的，市场空白较多，则企业估值将会提升。

2. 相对估值

（1）可比公司法。挑选与融资企业同行业的、可参照的5～10家上市公司，以提供相关性强的参考，然后计算所参照上市公司的主要财务数据，包括：①盈利能力：通过毛利率、税息折旧及摊销前利润率（EBITDA）、息税前利润率（EBIT）、净利润率进行指标分析；②投资收益：通过已投资本回报率（ROIC）、资产回报率（ROA）、股东权益回报率（ROE）进行指标分析；③杠杆率：衡量指标是债务与EBITDA

的比率、债务与资本总额的比率、EBITDA 与利息支出的比率（覆盖比率）；④相关倍数：所需财务数据收集好后，可以计算所参照上市公司的相关倍数，如市盈率（P 或 E）、公司价值或 EBITDA、公司价值或销售额等。

接下来将融资企业与所参照上市公司进行比较分析，从而框定相对的融资范围。首先在所参照上市公司中筛选出与融资企业的业务和财务特征最为接近的一个，并排除离群值，然后分析和比较交易倍数。

（2）可比交易法。从类似的融资交易事件中获取有用的财务数据，求出一些相应的融资价格乘数，并在此基础上评估融资企业的价值。具体可分为三个步骤：①在市场上寻找类似的融资交易，同行业的同类企业被投资的案例具有很高的参考价值；②在已经被投资的同类企业的估值基础上，获取与融资估值相关的财务数据，计算出相应的融资价格乘数，作为对融资企业进行融资估值的依据；③在计算出类似融资交易中估值的平均溢价后，可以借用这个溢价水平计算出融资企业的价值。

（3）贴现现金流法。任何企业的价值等同于其未来现金流之和的折现。该方法取决于企业能够持续创造的收入，通常以未来 5～10 年为折现期。因此，运用贴现现金流对融资企业估值时，还必须考量贴现率估算的因素。贴现率是投资者需要从此次投资里得到的回报率。如果投资者认为项目风险过高，就会要求更高的贴现率。此外，企业在进行融资交易时，需要投入大量的资源和时间，贴现现金流估值法应该将这部分成本考虑进去，在实务操作中通常会给融资企业 20%～30% 的非流动性折价。

贴现现金流法的计算原理是未来收获的一笔投资回报，相当于现在的多少投入。计算公式为：

现金流贴现=未来现金流×[1÷(1+贴现率)^年数]

3．标准计算估值

（1）市盈率计算法。发展较快的融资企业按照市盈率来计算估值比较合适，因为投资方投资的是一家企业的未来，是对所投资企业未来的盈利能力给出当前的价格。计算公式为：

企业估值=预测市盈率×企业未来12个月的利润

一般融资企业未来12个月的利润是通过企业历史财务数据预测出来的，属于有规律性的数字，因此公式的关键就是预测市盈率。投资机构预测市盈率时，普遍会给历史市盈率打折扣。例如，互联网行业的平均历史市盈率是60，那么预测市盈率定为50。通常情况下，非上市融资企业的参考市盈率为20~30，如果在同行业中属于规模较小的初创企业，那么参考市盈率为10~15。

（2）现金流量折现法。融资企业和投资方能否达成一致，体现在对未来现金流的估算，或者融资企业的利润率未来会提高，或者融资企业的销售增长速度会降低等。

某公司2012年的自由现金流是1,000万元，预测其自由现金流在未来5年内会以10%的速度增长，但5年后的自由现金流增速降为5%。根据以上信息，计算该公司未来十年的估计现金流（见表4-4）。

表4-4 某公司未来十年的估计现金流

时间	现金流	具体计算
2013年	1100万元	1000万元×10%+1000万元
2014年	1210万元	1100万元×10%+1100万元
2015年	1331万元	1210万元×10%+1210万元
2016年	1464.1万元	1331万元×10%+1331万元
2017年	1610.51万元	1464.1万元×10%+1464.1万元
2018年	1691.03万元	1610.51万元×5%+1610.51万元
2019年	1775.58万元	1691.03万元×5%+1691.03万元
2020年	1864.36万元	1775.58万元×5%+1775.58万元
2021年	1957.58万元	1864.36万元×5%+1864.36万元
2022年	2055.46万元	1957.58万元×5%+1957.58万元

（3）销售额计算法。如果融资企业还没有产生利润，可以销售额为基础，按照行业平均利润进行估值。具体计算方式是，行业平均理论率为X，上一年度销售额或下一年预计销售额为Y，那么估值计算为X×Y。

例如，制造业的行业平均利润率约为35%，估值可以是最近一期的年度销售额或预计下一年的销售总额乘2。有些行业的利润率较低，在计算企业估值时或者只是平价，或者还要降价。例如，零售行业的企业估值可以是年度销售额乘1，批发行业的企业估值可以是年度销售额乘0.5。

企业融资前的额度确定

融资是一件非常有技术的事情，什么时候融资、融资多少，对于企业的发展都有很大的影响。

融资最核心的目的是如何以最快的速度将产品推向市场，时间对于创业者是最宝贵的，如果一直想融一笔大的资金而耽误了产品的开发进度，那么就非常不值得了。

融资金额对于经营团队的信心也有影响，如果必须融一笔较大额度的资金，但最终却只融来了少量资金，那么将对经营造成十分沉重的打击。

此外，天下没有免费的午餐，融资金额越大，投资方对融资企业的期望就越高，对企业控制权的要求和对企业发展预期的要求也会提高，而且这种高要求会传染到融资企业的决策层和具体运营中，当要求和预期转变为巨大的压力后，就会对企业发展不利。

因此，对于融资额度的确定，不能简单地认为越大越好，也不能因为怕投资方窃夺企业经营成果而强行降低融资额度，不良融资都将对企业的经营造成负面影响。在此要求企业经营者，必须把握好心态，厘清发展思路，通过正确融资，融得合适的额度，让渡适当的权利和权力，来换取企业未来的良性发展。

在融资之前，估算企业需要融多少钱，决定了融资企业应该去找哪种类型的投资方。例如，企业需要200万元的种子期资金，应该去找天使投资人或者进行股权众筹；企业需要2000万元的A轮资金，就应该去找VC投资、PE投资、股权融资、债券融资；企业需要2亿元的C轮资金，VC、PE、股权、债权等融资方式仍然可行，还可以考虑新三板融资、创业板融资或者中小板融资。当然，对应融资金额选择融资方并非绝对，但大部分情况下是适用的。

融资企业要进行融资额度的确定，需要明确预期的这笔融资可以支撑企业运营多久，才能到达下一个重要的里程碑。里程碑的确定与企业的实际经营情况密切相关，不同发展时期的企业，里程碑是不同的。如果是新创企业，需要多长时间才能上市第一款产品？如果产品已经上市，需要多长时间才能达到一定的用户数量或收入水平？如果是度过新创期的企业，需要多长时间才能完成对产品的改良创新？

以新创企业为例，因为没有收入增长，就应该准确知道每月、每天的支出（现金消耗率）。某新创公司，创业团队6人，计划用6个月时间将产品推向市场，那么，应该估算出这6个月期间的每个月需要支出的金额（如20万元/月），还应为实现产品上市的里程碑设置一个缓冲期（如5~9个月），这样就可以确定该公司的融资额度为220万元~300万元（共11~15个月）。

实现里程碑所需时间的长短，会因企业业务的不同而出现很大差别。例如，一家新创软件公司，一年内就取得了实质性进展；再如，一家种子期的医药企业，正在向国家食品药品监督管理总局申请一种药物的审批，至少需要几年甚至更长的时间。因此，企业融资不要执着于实践预测的准确性，唯一需要保证的是有充足的现金可以实现下一个显著的成绩。

企业融资一定要给出具体的数额，不要设置区间性额度。在实务操作中，很多企业融资都是给出区间值，如800万元~1000万元。这就好比在给投资方留有选择的余地，"看好我就投1000万元，不看好只要投800万元就可以"。但事实上，投资是一项具体的业务活动，如同去商场购物一样，商品都是明码标价，没有区间性的标价。因此区间式融资额会让投资方感觉融资企业并没有认真思考真正需要多少钱，更加没有对未来发展的规划，而是在融资中对冲赌注，看似给了投资方可选择的机会，实则是在给对方挖坑。因为融资额度的差异会直接影响投资方的投资方式和投后地位，例如，某天使机构的单笔最大投资额是300万元，某公司的融资额度是500万元~700万元。如果是500万元，则该天使机构可以成为领投投资人；如果是700万元，则该天使机构只能是一位联合投资人或者跟投投资人。

因此，在跟投资方交流时，不要试图变更融资额度去引诱对方，因为区间式融资额会让企业与投资方的交流变得不明确，将直接导致融资的失败。

第五章
撰写BP，启动融资

BP的英文全称是Business Plan，翻译成中文就是商业计划书。

融资商业计划书是企业为了达到融资目的，根据一定的格式、内容、要求编辑整理的，向投资方全面展示企业当前情况、未来发展潜力的书面材料。

很多创业者都知道，一份好的BP是融资的敲门砖。在某大型投资公司的并购部中，团队中一共58人，每天会收到2000份BP，这相当于每人每天看35份BP。算下来，每份BP最多被浏览10分钟。但在全球创客化时代的大背景下，投资企业的工作强度在逐渐增强，一些投资企业已经开始用人工智能进行BP审核的工作了。人工智能的工作原理是提前输入投资方的审核逻辑，然后批量审核。

因此，融资企业一定要清楚投资方看到的BP重点是什么，应借助投资方的思维思考对方的关注点是什么，把对方关注的都体现在BP上，才能让自己的项目脱颖而出。

虽然各行业企业的融资情况不尽相同，对BP的要求也不尽相同，但是有一些关键内容是一定要有的。

产品或服务：定位与痛点

专业的 BP 对于融资企业而言，既是获得融资的必备材料，也是企业对自身现状与未来发展战略全面思考与重新定位的过程，而思考与定位通常从产品或服务的定位与痛点着手。

市场上的产品有很多种，但是用户需求是有限的。一款产品无法满足所有用户的需求，其实绝大多数成功的产品只是满足了少量用户群体的某一个需求，因此，融资企业只需要针对某个用户群体的某个痛点设计产品即可。

在 BP 中描述产品或服务，实质上就是在回答投资方一些关键问题，如经营团队在目标市场上解决了什么问题？具体目标用户群体有哪些？目标受众的痛点是什么？产品或服务通过什么切入点解决了目标受众的痛点？本项目的解决方案与市场中的竞争对手相比有哪些优势？

（1）目标用户群体有哪些？即产品或服务是给谁用的，对应的目标市场如何。2018 年 5 月，小米 MIUI 系统的月活跃用户数达到了 1.9 亿。而这近 2 亿用户是从最初的 100 位种子用户发展起来的，那时的雷军为了培育这点星星之火，每天都会用一小时时间回复微博上的评论，且规定即使是工程师也要按时回复论坛上的帖子。在每一个帖子后面，都会显示这个建议被采纳的程度以及解决该问题的工程师 ID，给了用户被重视的感觉。小米在线下每两周就会在不同的城市举办同城会，举办的顺序由后台分析得出每个城市的用户数量来决定，这极大刺激了小米用户的参与热情。正是小米为把握住目标用户所作出的一系列努力，让种子用户主动通过关系链进行口碑传播，帮助小米逐步占领了目标市场。

（2）用户的痛点是什么？痛点是用户在日常的工作生活中遭遇的各种麻烦，如果用户无法解决麻烦，就会导致情绪始终陷入麻烦中出不来，进而产生痛苦，这是任何人都不希望的。因此，用户需要一种能够帮助自己化解痛点的产品或方法，让自己的生活状态恢复正常。在谷歌工作九年的阿里尔·杰克森认为："市场上的产品有很多，但是用户需求是有限的。突破有限的切入点就是针对用户痛点，满足用户的需求。"

（3）通过什么产品或服务解决用户的痛点？在 BP 中，介绍产品或服务主要就是介绍如何解决了目标用户的痛点，解决方式是什么，以及选择这种方式的理由。通过这些介绍引出融资企业有哪些资源，研发产品与服务的成本如何，用户数量、用户增量与用户转化率如何，产品或服务有无壁垒等。只有让投资方充分认识到产品或服务的竞争优势，才可能引起投资方的兴趣。

（4）我方的解决方案有什么竞争优势？在回答竞争优势或者产品或服务差异化的问题时，融资企业要将重点放在壁垒上。产品或服务的壁垒越坚固，投资方的投资意向就越强。

下面，介绍一个经典的 BP 陈述产品的公式，便于更好地掌握这部分内容：

产品或服务的存在针对于XX用户群+描述潜在用户群+产品或服务属于XX类别+产品或服务核心卖点+与竞争对手产品或服务的主要区别

该公式可以帮助融资企业对产品或服务做出尽可能清晰的定位。而完整地列出这个公式,需要思考一些下列关键性问题:

(1)产品或服务核心功能和目标用户痛点是否匹配?(仅讨论核心功能)

(2)目标用户会因为痛点产生什么样的情绪?(正面的和负面的)

(3)其他竞争对手如何解决目标用户的痛点需求?(竞品的优势和劣势)

(4)潜在用户的最大范围是什么?(由宽泛到具体)

(5)专属用户的特点有哪些?(最核心用户,极大可能成为种子期用户)

(6)产品或服务的工作方式与竞品有何不同?(必须客观)

(7)产品或服务选择这种工作方式的理由是什么?(所有的理由)

回答上述问题不是一次性可以完成的,需要多次反复进行,也需要经营团队的集思广益。当经营者能够全面、深入、客观地回答上述问题时,就会发现产品或服务的定位已在不知不觉中出来了。

本节我们将产品或服务合在一起论述,但是对于很多企业而言,只有产品或者产品占据主导地位,因此,这样的企业在BP中应该更加重点说明产品。因为产品是企业的核心,投资方关注的就是融资企业如何利用产品做出成绩。产品名字、产品特征、用户画像和品牌信息都源于产品定位。因此，在BP中对产品定位的精确陈述，不仅能帮助投资方了解融资企业，还能帮助投资方建立投资信心。

市场分析：需求预测与容量

投资方非常看重经营者对于融资项目的市场需求预测和市场容量分析。

市场需求预测就是有多少用户可能使用融资项目产品，百万级？千万级？亿级？市场需求预测不仅表现在用户数量上，还有转化率、客单价、复购率等指标。例如，一个用户量少但客单价高的产品，同样有巨大的潜力。

与市场需求预测数据一样，市场未来容量分析同样会影响到投资方的投资信心和投资决策。虽然市场风向瞬息万变，但变化中总有规律可循，十年以后的情况难以预料，未来两三年的情况还是可以预测的，任何投资方都会喜欢未来市场空间足够大的项目。

BP中的市场需求预测与容量分析，不能是简单且毫无根据地"我们认为"或者罗列现成数据，而是一定要有权威数据做支撑，有充分的理由为依据。此外，还要呈现出区域市场预测和全域市场预测，长期市场预测和短期市场预测相结合。鉴于有的融资企业的产品还未上市，有的融资企业的产品已经上市，在采用预测方法时应有不同的侧重。下面，归纳一些常用的市场分析预测方法，融资企业可根据实际情况酌情运用。

（1）购买力指数法。购买力指数是对家庭收入、家庭户数、地区零售额等加权平均后，得出的一个标准系数，是一个相对数，只有用全部潜在需求量乘购买力指数，才能得到某地区的潜在需求量。

（2）连锁比率法。对与产品的市场潜力相关的几个因素（产品特点、销售模式、渠道优势、价格等）开展连锁相乘，通过对几个相关因素的综合考虑进行预测。

（3）购买者意图调查法。直接向目标用户了解其潜在购买意图，可以同时得出用户对产品痛点的认可度和用户的真实需求。

（4）行业调查法。对所处行业内各家重要企业进行调查，可以面向用户，也可以面向制造商，还可以同时进行。

（5）趋势预测法。将历史资料和数据按时间先后顺序排列，根据其中的发展规律推测未来市场的发展方向和变动程度。有两个子方法最为常用：移动平均法和指数平滑法。

投资方选择投资项目和经营者选择融资项目，都会优先选择市场前景好的领域，因此必须进行全面的市场分析。全面的市场分析包括市场规模（市场空间）、市场潜力、行业痛点、竞争分析等。但是，一提到全面，就容易犯过度细致冗长的错误，数据开路、方法证明、案例佐证，最后得出结论。全面倒是做到了，但BP不是市场需求调研报告，且投资方对于拟投资方向都有基本的了解和判断，只需要点出与融资项目有关的重要之处即可。

那么，BP中的市场分析部分到底应该怎么写呢？其实，只需要在这部分向投资方说明白几件事——市场空间足够大、市场需求真实存在、该项目有机会占据一定市场份额即可。基于这个目的，建议融资企业在撰写BP的市场分析部分时注意以下几点：

（1）数据的引用。在引用数据做支撑时，应注意三点：①选择权威调查机构公开的数据，例如国家部委发布的数据、知名市场调研机构的数据等；②选择近期、同期公布的数据，尤其在运用多个维度的数据进行综合分析和计算时，数据要尽量都在同一个时期；③选择细分化的数据，不要搜到数据就直接复制粘贴，要多考虑具体项目与市场数据的关系，尽量计算出融资项目产品所面向的细分人群的市场需求的规模数据。

此外，有一些数据不需要写到BP里，但投资方可能会在面谈时问到，以探查融资方对市场的了解程度。例如，目标市场上最大的一家是谁，销售额多少，市场份额占比多少，目标用户的购买频次、平均花费多少等。融资企业的经营者需要提前做好功课，对这些问题的答案烂熟于胸。

（2）计算细分潜在市场规模。不要写"根据XX机构XX年发布的最新研究报告，XX市场规模可达到XX万亿"，看起来好像市场盘子很大，但具体到融资企业、融资项目，又能有多少关系呢？

如果要做的是面向20～35岁的白领女性的服装电商，需要给出的市场数据就不能是笼统的国内服装市场规模的数据，或者只是细分到女性服装，或者再细分到青年女性服装，而是要细分到青年女白领的线上渠道销售的规模。可能很难找到直接的数据，可以根据女装市场规模、白领女性占比、服装销售线上渠道占比等其他方面估算出大致的市场规模。

（3）分析市场趋势。引用权威分析机构的报告或者展开相关市场调查后，预测目标市场未来几年的发展趋势，包括市场规模的趋势、服务模式的变化、市场格局的变化等。

如果该市场本身是一个正在高速发展的增量市场，对融资企业是很大的利好消息，因为企业增长的最大动能来自市场本身的增长，而非抢占竞争对手的份额。

如果该市场正处在剧烈变化之中，融资企业就要证明自己的产品或服务正好契合这种变化趋势。如果能进一步证明企业有机会成为市场中具有支配地位的前两名，则投资方一定更感兴趣。

（4）分析行业需求痛点。基于目标市场的信息和融资项目的目标用户需求，作出需求痛点分析。例如，目标行业的市场环境如何？存在哪些问题？目标用户的需求痛点是什么？切记，痛点一定要真的痛，且要与产品或服务有契合点，方便接下来介绍产品或服务时指出产品或服务是如何解决这些痛点的。

（5）竞争分析。除非是完全新型的领域或模式，竞争不多，可以在市场分析部分简单提及，否则都会在产品介绍之后单独列一页，与竞品做全方位的优劣对比。该部分要阐明的是：直接竞争对手有哪些？竞争对手的发展现状如何？在各个维度上与竞争对手相比有何优劣势？若有必要，还需要列出间接竞争对手和潜在竞争对手。而且，为了更加直观，建议以表格或图表形式列出。

商业模式：实现盈利最大化

商业模式的本质可以用一个公式概括为：

利润=收入—成本

是不是很简单？但要将简单的东西用简洁的方式呈现出来，却并不容易。融资企业的经营者必须明白，那些投资方都是在商场上长期进行资本运作的高手，都深谙商业规则，很容易就能从一份BP的表述中知道哪个项目的商业模式可行，哪个团队具备经营能力。所以，在向高手推销自己时，就无须拐弯抹角遮遮掩掩，更无须解释常识性问题，直接、简单、清晰地捞干货就可以了。

（1）标出独特之处。投资方希望看到融资项目具有独特之处，因为独具特色往往代表着"独一份"，如果市场上出现了能够满足目标用户需求的"独一份"产品或服务，绝对可以很快占领市场。想一想，一个各方面制作都精良的产品，但如果是"烂大街"的款式，那么又怎么能吸引到多少消费者的目光呢？

（2）突出盈利核心。盈利，永远是投资方最关注的事情。因此，让投资方看到产品或服务的盈利点，是打动投资方的关键，若能再让投资方认可盈利点，则获得投资的可能性就能极大增加。清晰的盈利点包括很多方面，如企业在经营中所依靠的过硬的科技创新能力、产品或服务的不可替代性（短期或长期）、低成本下的高质量特性等。

（3）盈利模式对比。融资企业需要将己方的盈利模式和对手的盈利模式做对比分析，说明己方盈利模式的优势，让盈利模式能够更加清晰、明确地体现出来，给予投资方以投资信心。在对比的过程中，通常己方的盈利模式不可能处处占上风，一定会有比不过竞争对手的地方，也要大胆说出来，一方面体现出融资企业对于自身盈利模式的清醒认识，另一方面也能给投资方留下真诚上进的印象。

如果本节只讲这些内容，未免有些笼统，属于只讲理论不教方法。下面，我们开始教授方法，即具体如何撰写BP中的商业模式？主要需要明确说明以下六个部分：

（1）用户选择。融资企业所瞄准的用户群体通常具有某些共性，从而可以针对这些共性创造价值，这个过程也被称为市场划分。进一步引申出：融资企业究竟为哪些用户创造了什么样的价值？提供了什么竞品不能提供的产品或服务？这些产品或服务为什么对目标用户非常重要？

（2）价值主张。融资企业通过产品或服务向目标用户群体提供的价值，以确认融资企业对用户的实用意义及价值大小，并将一部分价值转化成企业利润，从而确定企业通过什么收入途径创造财富。

（3）用户关系。融资企业如何同目标用户群体建立联系，在建立起用户关系的同时也建立起企业的战略控制措施，明确有效的竞争措施，以及在与竞争对手的市场争夺中处于有利地位。

（4）分销渠道。融资企业用以接触目标用户群体的各种途径，即如何开拓市场？市场和分销策略是什么？通过具体的分销过程与用户接触，明白是否能够有效满足目标用户的特定需求，理解用户反映的内在原因。

（5）核心能力。融资企业执行其商业模式所需的能力和资格，即如何运用企业现有的资源和能力实现战略控制的效果。如果现有资源和能力有所欠缺，是否可以通过合作伙伴网络（类似商业联盟形式）实现商业模式设计的效果。

（6）成本结构。融资企业所使用的工具、方法和资源合作的货币化描述，即成本结构。是否能在用户本身能力的许可范围内，为用户提供更高层次的产品或服务。

总之，融资企业必须明确自身的市场定位，正确进行目标用户选择，加上有效地获得市场价值的方法与用户建立联系，才能在市场竞争中明确战略措施，发挥各种分销渠道、资源和核心能力的作用，这样的商业模式设计才是有效的。有效的商业模式设计才能获得资本的青睐。

竞品调查：主要竞争对手的优势和劣势

在BP中对竞品进行详细分析，可以帮助融资企业经营者深刻认识市场，正确识别出直接的或潜在的竞争对手，看清自己与对手的差异，找出自身优势与劣势。同时，这样的分析也是本着对投资方负责的态度，将此次融资项目的利弊都予以客观阐述，以减少投资方的不确定性，增强投资方的投资信心。这样的做法既能给企业经营带来直接的益处，也能因为获得投资方的赞许而获得间接收益。

在对竞争对手进行分析之前，融资企业首先要找出合适的竞争对手。并非所有本行业的其他企业都应列为主要竞争对手，进行竞品调查，那样不仅人力物力耗费巨大，也不具有实际意义。

竞争对手的选择，需要确定领域、细分市场，通过竞争目标锁定竞争对手。融资企业对未来发展的预期，决定了其为之奋斗的目标。在实现目标的过程中，会遇到很多竞争对手，与企业有相同目标的就是直接的主要竞争对手，与企业有相似目标的就是间接的主要竞争对手，与企业有不同目标的就是次要竞争对手。

明白竞争对手的等级划分后，融资企业还要根据实际经营状况，在直接的主要竞争对手中找到最关键的竞争对手。例如，企业目前是新创阶段，那么竞争对手的选择也应是直接的主要竞争对手中处于新创期或早期发展阶段的上升势头良好的企业，而不应该是成熟的大型企业，甚至是"独角兽"企业。因为企业的发展阶段和规模不同，都会影响到企业未来的发展预期。新创企业或早期发展阶段企业的发展预期通常与生存有关，其次才是发展扩展；成熟的大型企业或"独角兽"企业的发展预期通常与兼并有关，只有在企业发展遭遇重大挫折或者严重萎缩时，才能考虑生存问题。

正是因为企业的生存、发展和壮大，犹如潮起潮落，发展起来了也不一定就会永远强大，壮大起来了也不意味着就能永远兴盛。因此，融资企业的竞争对手的确立并非一成不变，虽然要根据当下实际情况锁定最关键的直接竞争对手，但也要同时关注其他主要竞争对手和暂时还够不上威胁的次要竞争对手，哪怕是当下的合作伙伴关系的企业也要加三分小心，利益博弈，合作或破裂往往只在一线之间。

当然，上述分析竞争对手的这些底层考量是不应该出现在BP中的，融资企业需要呈现给投资方的，就是如何通过市场分析确定主要竞争对手，并且找准主要竞争对手的优势和劣势，对比企业自身的优势和劣势，将竞品调查和企业竞争措施呈现出来。通常，BP的竞品分析要体现三个层面：

1. 谁是竞争对手

在做竞品分析之前，融资企业要找到哪些是直接竞争对手，这些直接竞争对手中谁的威胁最大，可以分两步进行：

（1）确定竞争领域。对市场进行细分，做好自己的产品定位，直接竞争对手也必然处于这个细分领域中。

（2）确定竞争目标。企业对未来发展的预期决定了与对手碰撞的时机、交锋的时长与激烈程度。

2. 是否有巨头竞争

融资项目所在的细分市场当前有巨头吗？当前的竞争对手中有可能产生巨头吗？未来巨头加入战局的可能性有多少？是否会出现多个巨头同时加入战局的"血腥场面"？

任何成长期的企业，任何成长中的项目，都要尽可能避免与巨头产生直接碰撞，因为一旦发生强弱悬殊的竞争，巨头所拥有和占据的各项资源都将成为其胜利的砝码。

融资企业经营者不要认为自己的企业还小,距离巨头很远,巨头也不会发现自己。其实,巨头确实不会主动去发现某个小企业,但会主动去发现有利可图的细分蓝海,当巨头的目光投向一片蓝海时,所有在这片蓝海里摸爬滚打的企业都将面临生存危机。

例如,班车类项目与打车软件所面向的用户群体是有差异的,曾经处于一个细分领域的蓝海中,相关初创企业引起了很多资本的关注。但当滴滴出行声称要拿出5亿元做班车业务时,资本很快就从这个领域退潮了。

3. 己方的优势和劣势分别是什么

融资企业分析己方产品或服务的优势和劣势,可以对自己和竞争对手有一个清醒的认识。分析不能凭直观印象,而应采用一些科学的方法,在此建议推荐"SWOT分析法",将所面临的问题分解成优势(Strengths)、劣势(Weaknesses)、机会(Opportunities)和威胁(Threats)四个层面解读(见图5-1)。

	S优势	W劣势
O机会	O-S 发挥优势 把握机遇	O-W 抓住机遇 克服劣势
T威胁	T-S 利用优势 消除威胁	T-W 减少弱点 避免威胁

图5-1 SWOT分析法

企业之间的竞争都是在产品和服务层面展开的,其中产品层面是最关键的。企业竞品分析应从产品定位、市场定位、成本价格、宣传推广、发展趋势等方面入手。如果是针对专业服务类的企业,对手的主要服务对象、服务范围、服务水平和服务深度等都是值得分析的。

所处细分领域的竞品必定是越少越好,如果竞品太多或者太强时,融资企业应考量是否应该将项目做下去,再想如何从竞争中取胜。例如,史蒂夫·乔布斯创立苹果电脑时,就先考虑到要与戴尔、惠普、康柏等大型办公电脑公司竞争,为了差异化竞争,转变了苹果电脑的产品定位。

竞争优势和竞争劣势分析,还可以在经营层面进行比较,比如企业战略、经营理念、财务数据、人力资源政策等,体现出企业的竞争优势。

团队运行:我们能做好的深层原因

企业发展的早期阶段,尤其是创业初期,创始人及团队是非常关键的评判标准。放眼那些世界级企业,无一不是有超级创业者压阵,有顶级创业团队辅助。为什么投资方如此关注融资企业的创始团队呢?是简单的领导能力问题吗?显然不是。因为与项目相比,团队是更稳定的因素。随着项目运行的逐渐深入,尤其是项目运作后期,目标市场、目标用户、商业模式、盈利方式可能都会出现变化,但创始人及其团队通常是不变的,这在很大程度上决定了一个项目和一家企业能走多远。

虽然大部分企业都没有成为世界级和"独角兽"的机会与能力，但若在能力范围内做成地区级霸主，投资方也能享有巨大的投资回报。这就是为什么一些强大的创业团队在融资项目还在创意阶段时就能获得资本青睐的原因。因为投资方希望在 BP 中看到融资企业创始人及团队的相关背景，特别是有机会从激烈竞争中脱颖而出的不凡之处。在这一点上，任何希望获得投资的融资企业经营者都不要谦虚，自己与团队有什么优势尽管写出来，越能让人眼前一亮的优势对融资越有利。

首先要介绍创始人。名校、名企或者操作过知名项目的经历，都会给创始人贴上一个"优秀"的标签。但并非所有创始人都具备如此优秀的过往，那么该说的还是要说，将自己在相关行业的经验和成绩讲出来，一定要是真实的。

其次要介绍创始团队。重点介绍团队中的核心成员，将他们的特点、能力、经验、擅长和人脉资源等都凸显出来。

如果融资企业的创始团队的背景有优势，也要进行简要说明。例如，创始团队成员都是来自清华大学、北京大学、哈佛大学、牛津大学、麻省理工学院的高才生。名校背景不只让投资方认可创始团队的综合能力，还等于告诉投资方该创始团队有很强的学习能力。因为越是名校，对学生的学习能力要求越高，创业者的学习能力强，才能在变化无常的商业环境中迅速适应和利用新的商业模式，这是投资方非常愿意看到的。当然，并非所有创始团队的成员都来自世界级名校，但也可以通过其他途径证明团队成员具有很强的学习能力。在介绍创始团队成员及分工时，可以找出加分项予以重点介绍。

同时，融资企业创始团队必须分工明确，谁做什么工作要一目了然，且权责利清晰，建议以列表形式呈现。企业可根据实际情况，或者只列出具体部门的相关人员（见表5-1），或者同时列出董事会成员名单（见表5-2）。

表5-1　某（融资）公司部门设置

部门名称	经理	人员数	备注
研发部			
生产部			
媒介部			
导流部			
电商部			
财务部			
……			

表5-2　某（融资）公司董事会成员

职务	姓名	负责业务	备注
首席执行官（CEO）			
首席技术官（CTO）			
首席运营官（COO）			
首席财务官（CFO）			
市场总监（CMO）			
人事总监（CHO）			
销售总监（CSO）			
……			

一个合理的创业团队的职能布局，应该由核心领导者、关键技术人员、行业资深人士、销售人员和理财专家共五类人员构成。但根据创业

领域的不同，并非一定要"五脏俱全"，但满足其中的三项到四项是必需的。并非所有融资企业都是初创阶段，有的融资企业已经具备了一些规模，此时企业的组织架构应该更为成熟和完善（见图5-2）。

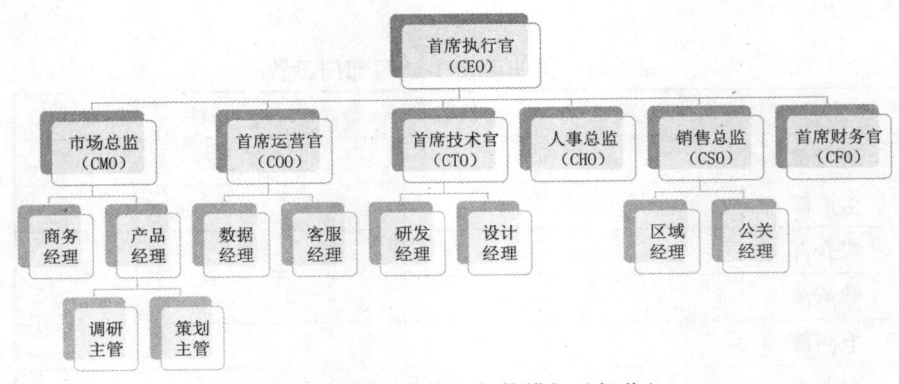

```
                        首席执行官
                          (CEO)
   ┌─────────┬──────────┬────┴────┬─────────┬─────────┐
 市场总监   首席运营官  首席技术官  人事总监   销售总监   首席财务官
  (CMO)      (COO)       (CTO)    (CHO)     (CSO)     (CFO)
   │           │           │                   │
 ┌─┴─┐    ┌─┬─┴─┐        ┌─┴─┐              ┌─┴─┐
商务 产品  数据 客服      研发 设计           区域 公关
经理 经理  经理 经理      经理 经理           经理 经理
     │
  ┌──┴──┐
 调研   策划
 主管   主管
```

图5-2　融资企业组织架构模板（部分）

运作规划：明确融资数额与使用情况

融资企业必须将本轮融资的具体用途进行重点说明，最好将资金的使用情况细化到具体项目和具体时间，资金使用计划翔实、有力，更能吸引投资者的兴趣。

这部分内容需要充分体现融资企业的战略规划能力和企业运营能力。融资运作规划的时间段应当是资金到位后企业未来三年到五年的发展规划。

（1）资金需求说明，包括资金的总量、用途和使用期限。其中，资金用途主要在拓展项目、扩展业务、升级核心团队和优化商业模式等方面。

（2）资金使用说明，即花钱的计划与进度，让投资方清楚自己的钱都被在什么时间花在了哪些地方，预期能取得怎样的效果（最佳效果和最差效果都要说明）。

（3）资本结构说明。融资企业在筹集资金时，由不同渠道取得的资金之间的有机构成及其比重关系。

（4）投资反馈说明。融资企业要为投资方列出投资贷款、利率、利率支付条件、转股—普通股、优先股、认股权以及对应的价格等。

（5）负债结构说明，包括原来每笔债务所产生的时间、条件、抵押、利息等信息。重点要说明抵押，即融资企业在经营过程中是否存在抵押，如果存在，抵押品的价值如何，定价所依凭的根据是什么，如有必要需提供定价凭证。

（6）投资担保说明，包括两个部分，一部分是融资企业是否存在抵押的情况，另一部分是融资企业的担保方财务报告。

（7）投资回报说明，是指投资方所投入的资本在经营目标达成的情况下可以获得的回报；如果经营目标未能达成，是否设定了退出机制。

（8）其他信息说明，包括偿还计划、吸纳投资后股份结构、股权成本、投资抵押、投资方介入融资企业管理的程度等。

下面通过具体案例来看企业融资的使用规划情况。

某初创公司在充分考虑所面临的经营情况和竞争优势后，决定实施融资计划：

天使轮融资 400 万元，出让公司股权 15%，用于公司起步。分为两期：第一期为期一个月（2021 年 4 月 22 日至 5 月中旬），与微信平台签订合作协议，进行软件升级开发和小程序制作，准备平台上线；第二期为期一个月（2021 年 5 月 15 日至 6 月 14 日），发展本地区商家 200 家以上，发展用户 2 万个以上，建设基地和物流配送体系（见表 5-3）。

A 轮融资 2000 万元，用于公司成长（2021 年 6 月 15 日至 9 月 14 日），发展本地整体市场，发展用户 30 万个以上，生产经营体系基本完善。

B 轮融资 2 亿元，用于公司扩张（2021 年 9 月 15 日至 2022 年 6 月 14 日）和周边市场扩张，发展用户 300 万个，生产经营体系成熟。

C 轮和 D 轮融资 5 亿元，用于公司扩张（2022 年 6 月 15 日至 2024 年 6 月 14 日），覆盖全国市场，发展用户 3000 万个。

表 5-3 某公司天使轮融资使用详情

大项目	子项目	金额（万元）	所占比例（%）
制造成本	充电宝制造成本	40	10
	机柜制造成本	30	7.5
	安装成本	10	2.5
办公建设	办公地点租赁	6	1.5
	办公设备购置	15	3.75
	其他办公用品	3	0.75
薪酬费用	招聘费用	2	0.5
	人员培训费用	3	0.75
	工资福利及保险	50	12.5
	其他业务费用	6	1.5

续表

大项目	子项目	金额（万元）	所占比例（%）
平台开发	用户应用模板开发	30	7.5
	内置所需数据购买	40	10
	支付体系建设	20	5
	用户数据中心	15	3.75
市场推广	商圈推广	10	2.5
	线上推广	10	2.5
	线下推广	10	2.5
产品运营	产品后续修理更新	25	6.25
	平台升级维护	15	3.75
	备用金	60	15
总投资		400	100

回报收益：保证投融资双方的共同利益

投资的目的是获得回报，因此在BP中一定要重点说明投资方可能获得的预期回报。很多融资企业总是忽视该环节，在BP中大谈特谈己方的创业故事和资金需求，却忘记了满足投资方的利益诉求，这样只顾自己的融资渴望一定不会实现。

作为融资企业一定要时刻谨记：只有项目预期回报高，投资方才有可能考虑投资。在BP中需要将投资方关注的因素——核心回报、股份比例、收益分配全面呈现出来。

1. 核心回报

核心回报的最关键指标是估值。当项目估值产生巨大增长后,投资方所投入的资本也就增长了,投资方可以实现上市套现。即便融资企业没有上市,投资方还是可以在后续融资中实现退出,完成收益锁定的。

某公司 2021 年收入首次突破 5 亿元,比 2020 年增长了 120%,收入的大幅提高推动了该公司估值上涨,2021 年年底该公司的估值达到 20 亿元,2022 年该公司收入继续走高,估值也得以翻倍。参与该公司初创和成长期的各轮投资都获得了丰厚的回报,有的选择继续持有,有的选择套现退出。

2. 股份比例

发展早期的融资企业想筹集多少钱,与出让多少股份直接相关。在确定企业需要的融资额度后,融资企业可以根据实际估值确定投资方的资本换股比例。

根据投资方需要投入的资本,投资方换得的股份比例通常可用投入资金除以估值的方式算出。例如,某公司的估值为 1000 万元,由投资方计划投入 100 万元,按照计算投资方应得到 10% 的股权。但是,如果这是天使轮(种子期)的投资,融资企业不应按照算出的实际股权比例换取资金,因为早期企业的股权比发展后期企业的股权要值钱。早期投资方投资 100 万元就能得到融资企业 10% 的股权,在企业发展后期,可能需要投入几千万元甚至几亿元都无法得到融资企业 10% 的股权了。因此,建议融资企业以降低股权出售比例的方式获得投资,即投资方投入仍为 100 万元,但尽可能得到融资企业 5% 的股权。作为长于资本运作的投资方而言，完全能够理解融资企业的折价动机，无非是保护股权不被过快稀释，进而保护对企业的控制权。如果在不影响企业获得预期回报的基础上，投资方是可以接受折价股权投资的。但需要对此进行明确的协议规定，可以在投资协议中明文规定："XX 公司设立完成后，投资方 XX 以人民币 XX 万元的投资后估值，对公司投资 XX 万元人民币进行溢价增资。增资完成后，公司注册资本增加为 XX 万元，投资方取得增资完成后公司 XX% 的股权。"

3. 收益分配

将融资企业实现的净利润按照一定的形式和顺序在企业和投资方之间进行分配。因为直接关系到投资方的利益，因此投资方会非常关注。融资企业在撰写 BP 时，需要将该部分详细呈现。

（1）每年可供分配的收益来源项目和金额。融资企业可供分配的收益由三部分组成：①本年实现的净利润：可供分配收益中的重要来源和经营损益表中披露的年度净利润应保持一致；②年初未分配利润：截至上年末累计的未分配利润，构成可供分配利润的重要组成部分；③其他转入：主要指盈余公积转入，当企业本年度没有利润，年初未分配利润又不足时，为了让股东对企业保持信心，企业可在遵守法律法规的前提下将盈余公积转入参与利润分配。

（2）每年收益分配的方向和具体方案。有限责任公司和股份有限公司当前收益应按照如下顺序分配，且不能颠倒：①弥补以前年度亏损；②提取法定公益金；③支付优先股股利；④提取任意盈余公积；⑤支付普通股股利；⑥转为资本（股本）的普通股股利。

（3）每年末企业的未分配利润。企业对本年实现的净利润进行了上述分配后，剩余部分即为本年的未分配利润。本年未分配利润加上上期未分配利润的合计数，即为本期末未分配利润累计数。

风险管控：识别并规避所有可见或潜藏风险

任何商业项目都是有风险的，投资方的钱不是用来做慈善的，而是要实实在在见到回报的。虽然投资出去的钱不可能每一笔都能获得回报，但投资方的总体投资回报还是非常高的，不然也就不会有职业投资家了。

投资方在投资时，不仅关注融资企业的项目前景，还会关注融资企业的项目风险，只有前景大于风险时，投资方才可能考虑投资。正因为如此，很多融资企业都很避讳谈及自己项目的风险，力争做到全是优势，而没有劣势。但投资方都是资本运作的高手，融资企业对风险三缄其口是不能阻碍他们发现风险的，他们甚至很多时候比融资企业的经营者能够更快、更深入地发现一些隐蔽的风险。因此，融资企业在撰写BP时，千万不要想着隐瞒风险，因为那样是无意义的，要诚实地揭开风险，同时也能制订出控制风险的方案，让投资方能够主动与企业一起承担风险，共创未来。

在BP的这一部分中，融资企业需要站在本企业和投资方的角度，做到以下三点。

1. 直面可能的潜在风险

融资企业可以根据对不同目标实现产生影响的因素,将风险进行如下划分:

(1)政策风险,侧重为社会环境、政策法规、行业规则等的变化所带来的风险。例如,政府出台限制性政策,行业出现了侧重引导等。

(2)财务风险,是指融资企业的财务结构不合理,在经营失当和资金压力下,丧失了偿债能力导致投资方预期收益下降的风险。例如,前期经营能否获得足够的资金?资金投入后的其他财务隐患?后续经营是否能得到持续的资金支持?

(3)市场风险,主要表现在竞品价格、利率、汇率和股票价格的不确定性上。例如,市场是否接受(融资企业的)产品?(融资企业的)产品能否经得住竞争?

(4)运营风险,是指由于融资企业对外部环境的复杂性和多变性认识不足,导致运营失败或运营活动达不到预期目标的损失。

(5)法律风险,源自融资企业因自身业务的快速发展,对市场环境、用户权益的不了解而导致的系列风险。法律风险具有隐匿性和结果性,不容易被发现,一旦爆发,就不可控。

2. 以正确方式分析风险

潜在风险不一定都能爆发,也不一定都按照固定模式爆发,因此需要以正确的方式分析风险的存在方式和可能的爆发形式。下面给出风险分析的三个关键步骤供参考:

(1)从细项切入。切实分析融资项目最可能遇到的风险,越细分越好,不同流程、不同阶段展开,尽可能识别风险。

(2)建立风险清单。将融资项目可能遇到的所有重要风险全部列入清单中,并按照严重性和易发性进行排序,提前预控影响程度大的风险。

(3)监控与规避。针对风险规避,提出控制方案;针对不同风险,给出切实可行的解决方案。可以成立风险预控小组,负责监控风险规避情况。

3. 制订风险控制方案

良好的风险管理有助于降低决策错误的概率,避免造成更大损失的可能,相对提高企业本身的附加值。因此,融资企业必须加强对融资项目的风险管理,正确判定风险控制方案的可行性,排除漏洞,增加项目对风险的抵抗力,才能增加项目对投资方的吸引力。

(1)对内措施。建立风险预警指标,并将责任划分到具体人,规定定期汇报风险状况,针对风险控制结果进行措施调整。

(2)对外措施。咨询同行业相关人士,或者参考同类型企业的做法,结合融资企业自身情况,制订风险控制方案,并评估方案的可行性。

(3)附加措施。咨询法律或顾问,针对某些风险提前做好情况分析,避免掉入法律盲区。

第六章
融资方式布局资本版图

　　融资方式即企业的融资渠道，是企业融通资金的具体形式。融资方式越多意味着可供企业选择的融资机会就越多。

　　融资的方式有很多种，企业可根据发展阶段和实际需要选择最适合企业发展的方式。本章就详细阐述各种融资方式，但受限于篇幅和为了更结合实际需要，本章只列出企业最常用的九种融资方式。为了便于理解，以企业的发展阶段和融资方式的匹配度进行罗列，虽然排列并不精确，但也能体现企业与资本之间的关系。

商业天使——初创企业完美的资金来源

越是早期的企业越需要资金作为生存的基石,但早期企业的盈利能力也是最弱的,这就造成了生存压力与资金实力间的矛盾性。指望初创企业能尽快打造出高效率的盈利模式是不现实的,因此,融资是初创企业应对资金难题的最佳方式。

对于初创企业而言,一次性实现大规模融资也不太可能,除非项目非常具有前景。初创企业初次融资最普遍的方式是找到商业天使,也就是进行天使轮融资,或者也称为种子期融资。

2021年6月,比亚迪三大创始人之一、正轩投资董事长夏佐全宣布,将减持比亚迪股票不超过1200万股,减持金额约22亿元。凭借这笔减持,夏佐全"一战封神",投资回报倍数超越号称"中国天使第一人"的龚虹嘉,成为"中国最牛天使投资人"。截至当时,他投资比亚迪的战绩是:30万元投资,200亿元收益,超5万倍的回报倍数。

超5万倍投资回报的背后,是夏佐全对比亚迪的信任。夏佐全与王传福的首次接触是在1994年11月,经过多次促膝长谈后,夏佐全被王传福的创业精神感染,在第二年向比亚迪投资30万元,成为公司第三大股东。

夏佐全对科技领域的投资十分执着，他曾在"投资家网·中国股权投资年度峰会"上表示，"科技投资是参与和分享新一轮科技红利的主要途径，也是弥补中国核心技术缺失的关键一步"。

正因为对科技的情有独钟，在向科技企业投资之后，夏佐全基本不会做"甩手掌柜"，而是既出钱又出力，在所投资企业的发展中发挥着自己的作用，将投后管理的价值发挥得淋漓尽致。对外他是比亚迪的天使投资人，对内他是协助王传福帮助比亚迪数次崛起的最大功臣。正是凭借着"做时间的朋友"、追寻"价值投资"、相信"中国科技有未来"的一系列信念，夏佐全创造了天使投资界的神话。

天使投资是具有一定净财富的人士，对具有巨大发展潜力的高风险的初创企业进行的早期的直接投资。天使投资是权益资本投资的一种形式，属于自发而又分散的民间投资方式。

通常情况下，投资分为个人和机构两大类，个人投资以天使投资居多，因此也叫天使投资人。投资阶段一般是天使轮用自己的钱投资，投资额通常不大，成功的概率偏低，但投资的回报较高。

天使投资人一般都具有以下特点。

类型：事业比较成功的人或者比较知名的投资机构。

金额：投资金额偏小，多在几十万元到几百万元之间。

形式：多见一次性的前期投资，少见追加投入。

管理：一般会参与到所投资企业的管理中。

退出：一般在所投资企业上市之前转股获利退出。

天使投资人可依据投资的方式、投资产生的附加价值划分为不同的类型。下面详细阐述其中最常见的6种类型。

1. 支票天使

顾名思义，就是只出钱不出力的天使投资人。之所以不出力，或许是因为相对缺乏企业管理、运营的实践经验，或许是因为没有足够的时间和精力，或许是因为投资风格就是如此。

融资企业与这类"天使"形成投融资关系，既有有利的一面，也有不利的一面。有利的是"天使"完全不参与融资企业的经营管理，创始人或创始团队具有极高的经营决策自由度；不利的是融资企业只能从资本上借力，但借不上"天使"的其他资源，如人才资源、市场资源和商业经验等。

2. 超级天使

相比较"支票天使"，此类天使是如何体现"超级"属性的呢？这类"天使"通常是具有丰富经验的企业家、连续创业者或者资深的行业人士，有能力也愿意对所投资企业提供独到的支持。

若融资企业在寻找天使投资人的过程中能遇到既愿意出钱也愿意出力的"超级天使"，将是非常幸运的。"超级天使"的资源和经验对于初创企业是非常重要的，可以让企业在奋斗的道路上事半功倍。当然，一切所得皆有代价，"超级天使"会对融资企业内部进行梳理，会引起企业经营的短暂阵痛，但为长远计，只要"超级天使"不是以夺取融资企业控制权为目的的相助，有些改变都是可以接受的。

3. 天使联盟

企业之间是有联盟的，毕竟众人拾柴火焰高，一家企业的力量再大也是小，一个企业联盟的力量再小也是大。这种力量不是仅靠企业估值来计算的，还要从企业经营涉及的范围、市场份额的整体覆盖率、相互间裨补阙漏的优势等方面来看。

同样，"个人天使"也可以聚集在一起，定期交流和评估，分享行业经验和投资经验。对于有兴趣的项目，分配尽职调查，联合投资。这种"天使联盟"可以帮助天使投资人达到三个目的：提高投资金额、分散投资风险、增大成功概率。

4．天使基金

随着天使投资的发展，产生了天使投资基金等机构化天使投资模式，这主要是一些资金充足、活跃于创投圈的天使投资人设立的天使投资基金，因此，天使机构和个人天使有非常强的关联度。

天使投资基金的资金规模一般为几千万元，单笔投资额度为数百万元，通常作为领头于 A 轮 VC 的联合投资。

还有一类天使投资基金与 VC 形式类似，但投资规模较小，其资金来源是从企业、外部机构和个人处募集的。

5．孵化器天使

创业孵化器一般建立在各个地区的科技园区，主要为初创企业提供启动资金、廉价的办公场地、便利的配套措施以及人力资源服务等。一些孵化器天使甚至会给创业企业安排"教练"，并有创业课程等落地辅助。

我国相关法律法规对于孵化器的作用进行明确规定，《科技企业孵化器认定和管理办法》第四条："孵化器的主要功能是以科技型创业企业（以下简称在孵企业）为服务对象，通过开展创业培训、辅导、咨询，提供研发、试制、经营场地和共享设施，以及政策、法律、财务、投融资、企业管理、人力资源、市场推广和加速成长等方面的服务，以降低创业风险和创业成本，提高企业的成活率和成长性，培养成功的科技企业和企业家。"

6. 平台天使

随着移动互联网的快速发展，使得越来越多的应用终端和平台对外开放接口，让创业团队可以基于这些应用平台进行创业。例如，围绕腾讯微信公众号平台、围绕苹果 App Store 平台等。

一些平台为了增强对创业团队的吸引力，设立了平台型天使投资基金，给有潜力的创业企业提供启动资金。

股权众筹——为中小企业打开资本窗口

股权众筹是企业面向普通投资者出让一定比例的股份，投资者通过出资入股企业，获得未来收益的一种基于互联网渠道的融资模式。

股权众筹一般分为无担保股权众筹和有担保股权众筹。投资人在进行众筹投资的过程中，没有第三方公司提供相关权益问题的担保责任，即无担保股权众筹；股权众筹项目在进行众筹的同时，由第三方公司提供相关权益问题的固定期限的担保，即有担保股权众筹。国内基本上都是无担保股权众筹。

股权众筹是一种较新型的融资渠道,是多层次资本市场的一部分。与传统创业融资环境中的高门槛融资选择不同,股权众筹为很多有创意、无资金的创业者们提供了低门槛的融资方式,因此,股权众筹也被称为是为中小企业打开的一扇资本之窗。

虽然股权众筹的方式比传统融资方式门槛低,但也不是所有项目都能运用,仍然需要融资企业的融资项目和经营团队具备一些必要的条件。

(1)团队搭建完备。一个搭建好的经营团队应包括核心领导者、技术人员、财务人员、营销人员、资深人士五种人才。虽然受企业所属行业和经营具体情况所限,可能暂时无法实现"五合一",但至少也应是"三合一",再少则属于团队搭建不够完备。

(2)以前期项目为主。股权众筹平台一般不接受发展期或者中后期的项目,因为当企业经过了天使轮融资后,估值已经相对拉高了,此时进行股权众筹,失败的概率增加了。

(3)融资额度不能太大。融资企业在设定众筹金额时不能太贪婪,融到的钱是用来发展企业的,不是用来一夜暴富的。融资金额一般设定在50万元~500万元之间比较合理,既能帮助企业发展,又不至于因金额过大导致融资失败。

(4)项目专业度不能太强。股权众筹面向的是普通投资者,投资者根据自己的分析判断在线上作出投资决定,若是项目所在领域过于"生僻",普通投资者便不能作出投资判断。

(5)投资周期不能过长。参与股权众筹的投资者普遍都难以接受漫长的投资周期，若是回报期长的项目，如医药研发、新材料等就不适合进行股权众筹。

股权众筹根据投资方式的不同分为不同的投资模式，下面进行详细介绍（实务操作中以"领投+跟投"模式为主）。

1. 领投+跟投模式

该模式也被称为Syndicates（辛迪加）模式，是股权众筹的主流模式。经过认证的单个投资人作为领投人负责挑选和审核融资项目，并且率先投资所选定项目融资额的一定比例，其余融资额由众多跟投人抱团投资。在项目融资成功后，领投人需要对其余跟投人的投资资金进行后续监督和管理，同时获得高于跟投人的投资收益报酬。

领投+跟投模式的核心在于"领"和"跟"，从领投人角度切入与从跟投人角度切入，可以看到不同的投资场景。

领投人角度：

（1）领投人通常在某个领域具有一定优势，且利用自身的专业能力判断项目的优劣。

（2）领投人通过与众多跟投人联合投资，降低了投资额度和投资风险。

（3）领投人通过分享专业能力与经验得到了更多的投资收益。

跟投人角度：

（1）跟投人大多不具备专业能力和专业投资经验，跟投让普通投资人省去了审核项目、挑选项目和调查项目的时间成本，大幅度降低了投资风险。

（2）与传统风险投资——有限合伙的有限合伙人需交 2% 左右的资金管理费不同，股权众筹的跟投人无须向领投人支付资金管理费。

2．联合投资模式

联合投资模式也称为集合投资，没有领投人与跟投人之分，所有投资人的投资金额都是相等的，每一位投资人所能得到的回报也是相等的，对应所承担的风险也是同样相等的。

某创业公司在某股权众筹平台上计划众筹 100 万元，规定只能有 20 名投资人参与投资，每一位投资人的投资金额必须是 5 万元。如果该公司在两年后实现 A 轮融资，估值也做到了原来的五倍，则 20 名投资人可以成功退出。计算得出，每名投资人可以获得 25 万元，投资收益为每人 20 万元。

采用联合投资模式的好处是，投资人均摊投资、均摊利益、均摊风险，投资人之间没有利益差。但弊端是没有专业领投人，投资具有一定的盲目性。

3．远期定价模式

融资企业先融资后定价。由股权众筹平台与顶级投资机构合作，先进行资金募集，然后选择 A 轮融资后的优质企业签订投融资协议，将募集到的资金以借款名义汇入融资企业。

如果获得众筹资金的企业能够在规定的时间内获得下一轮融资，众筹资金将按照新估值转化为股份；如果获得众筹资金的企业没能在规定时间内完成下一轮融资，则既可以按照约定价格回购投资额度，也可以按照上一轮估值或约定估值折算成股份。

远期定价模式看重优质企业和优质项目，使得股权众筹平台不再是大型风险投资机构的附属，而是建立平等互利的合作关系。

VC资本——职业金融家为创业者提供资金支持

VC资本的英文全称是Venture Capital，即风险投资，是指向融资企业进行股权投资，以期所投资企业发育成熟或相对成熟后，主要通过转让股权获得资本增值收益的投资方式。

因为VC投资与风险相伴，相当于常年游走于风险的边缘，失手的情况也常有发生。因此，VC投资无论是个人还是机构（一般都是机构）都堪称是职业金融家，对市场和资本的敏感度非常高。可以说，VC看中的基本都是有潜力的，VC聚集的一定是有极大利益的。有这样的职业金融家和风险控制家为企业投入资金，融资企业获得的绝不只资金，还有风险控制的经验。

在风险投资中，获得的回报遵循帕累托原则——80%的收益来自20%的交易。伟大的风险投资家心里很清楚，在获得巨大利益的时候，他们也要承受很大的损失，这也是风险投资名称的由来，顶级风险投资公司Andreessen Horowitz的克里斯·迪克森将此称为贝比·鲁斯效应，其灵感来源于20世纪二三十年代的传球棒球运动员贝比·鲁斯，他用比一般球棒要重很多的球棒击球，虽然更加难以驾驭，但也有利于自己打出全垒打。

2012 年，Facebook 通过 IPO 募资 160 亿美元，上市当日市值 1040 亿美元，给早期投资机构 Accel Partners 带去了巨额回报。

2005 年，Accel Partners 机构领投了 Facebook 的 A 轮融资，投资额为 1270 万美元，拿到了 15% 的股份。

2010 年，Accel Partners 机构出售了所持 Facebook 价值 5 亿美元的股份。在 2012 年 Facebook 上市时，仍持有价值 90 亿美元的股份。

这笔投资巨大的回报，直接成就了 Accel's IX 基金成为当年表现最好的基金，也成就了 Facebook 的风险投资人 Peter Thiel，获得了近 2 万倍的回报。

VC 投资可以涵盖处于种子期、起步期、成长期、扩张期、成熟前过渡期等创建过程中和处于重建过程中的成长性企业，但主要是成长性的中小企业，特别是科技型中小企业。

也就是说，VC 投资比较偏重于天使轮之后的次轮（A 轮或 B 轮）投资。那么，哪些类型的 VC 会参与轮次投资呢？

（1）微型 VC 基金：通常只有一位普通合伙人的小规模风险投资机构，每只基金的总规模一般不超过 1500 万美元。常规做法是跟其他微型 VC、天使投资人合投，几乎只投资于种子期阶段的创业企业。

（2）种子期基金：比微型 VC 基金规模大一些，但一般不超过 1.5 亿美元。专注于成为创业企业的第一笔来自机构的资金，极少投资 A 轮以后的融资企业。常规做法是在所投资企业的董事会占据一个席位。

（3）早期基金：规模通常为 1.5 亿美元～3 亿美元，主要投资种子期和 A 轮的融资企业，偶尔也参与 B 轮投资。常规做法是在所投资企业的后续融资中按照等比例原则追加投资。

（4）中期基金：规模通常为 3 亿美元～10 亿美元，主要投资于 B 轮及之后的轮次，投资时点主要选择在融资企业的商业模式已经清晰但需要资金注入加速发展或维持成长性时，因此也被称为成长期投资人。

（5）后期基金：规模在 10 亿美元以上，投资时点主要选择在融资企业已经获得成功并完成其预计的 IPO 之前的最后一次融资时，包括专门的后期 VC 基金，也可以是对冲基金、主要从事二级市场投资的跨界投资人、与大型银行相关的基金以及主权财富基金。

在明白了各类 VC 投资后，融资企业还需要根据自身实际情况去主动寻找投资，切不可有"酒香不怕巷子深"的思想，在如今的创客时代，投资方所面对的各种投资请求太多了，融资企业必须主动出击且行动正确，才可能获得投资方的青睐。

找 VC 与找天使投资人类似，最好的办法是通过可靠的"第三方"引荐，或者是朋友，或者是其他创业者。他们能够提供最直接的信息，比如他们喜欢跟哪家 VC 合作，哪家 VC 给他们提供过切实可行的帮助。

但上述办法并非总能行得通，求人不如求己，融资企业必须自行发掘机会。VC 都有网站和邮箱，随时恭候融资对象的到来。但获得联系方式只是万里长征迈出的第一步，能否通过网上联系获得 VC 的回馈，又能否通过回馈交流获得面谈的机会，再通过面谈拿到融资，这些才是确定能否顺利完成融资征途的关键环节。

VC 投资有很多，融资企业要有的放矢，进行精准联络，既节省时间和精力，也有助于摸准 VC 的投资倾向和投资策略。如果 VC 主投资人在社交媒体上有账号，可以通过先了解 VC 主投资人再选择 VC，比如 VC 主投资人的投资理念、个人爱好、创业经历、发表过的文章等。通过个人层面的互动，并遵循建立人际关系的最优法则——多给予，少索取，先向 VC 主投资人寻求建议，尝试建立一种随着时间而演变的关系，而不是把融资视为单一的、与交易相关的体验。虽然这个过程做起来有些麻烦，但以社交媒体作为结识 VC 的起点，确实对建立关系十分有效。

一家活跃的 VC，每年要接触超过 1000 个项目，这 1000 个项目中平均只有 10%（100 个）能够通过初筛，有机会跟 VC 在会议室进行面对面详细交流。这些通过初筛的 10% 的项目中，又只有 10%（10 个）的项目能得到 VC 的投资意向书并进行尽职调查，最后只有 3~5 个项目能够通过 VC 投资委员会的投票获得投资。

由此可见，VC 虽然是风险投资，但也是在尽力避免不必要的风险，选择值得冒风险的企业给予投资。那么，VC 选择投资目标的重要依据是什么呢？

1. 产品必须具备三大特征

经过多年的实践总结，可知 VC 在选择目标企业时，都会要求融资企业的产品必须具备三大特征：

（1）代表先进的技术方向。

（2）具有广阔的市场前景。

（3）优势可持续的项目经营。

如今，国内创投业对于"融资企业也要有利润"的立场越发坚定，投资回报要求也显得比过去急迫。要技术，更要市场，是 VC 审查融资企业的通行标准。

2. 经营团队"少数派"占上风

软银创始人，同时也是著名风险投资人的孙正义，对于融资企业经营团队的构成有一套"少数派"理论。他说："一支优秀的经营团队意味着企业已经成功了一半，不应当以创业者的出身来判定他是否优秀。"

国内风险投资经过多年强势发展，已经完全脱离了曾经"海归派至上"的认识。如今的 VC 既喜欢具有本地化意识的"海归派"，也喜欢具有世界眼光的本土创业者，二者都是所属群体中的少数派。因此可以这样理解，VC 最青睐那些由少数派领导者创立的企业。

3. 对融资企业的必要性控制

个别融资企业疏于管理，甚至滥用投资方的资金，此类事件伤害着 VC 的耐心和承受力。曾经，风投机构会遵循分散投资原则，以减少个别企业亏损和倒闭可能带来的损失，但这种情况已经在二十年前发生了改变。

硅谷的一些大型 VC 通过寻求对融资企业一定的控制权，实现对所投资企业的必要性控制，以监督其资金使用情况。如果融资企业实际管理者不能很好地履行职责，那么 VC 会谋求接管控制权。

但接管控制权并非上策，如何让融资企业实现更大盈利才是根本目的。因此，既要对融资企业实现必要性控制，又要尽量降低风险，让利益关系平衡。基于此，一些 VC 选择了联合投资，即几家 VC 联合对一家融资企业进行投资，每家 VC 只投入很少一部分资金，累积效应使得利益一致的 VC 占有了相对多数的股权，而每一家 VC 承担的投资风险却没有增加。

股权融资——低成本撬动高额投资

融资企业的股东愿意让出部分企业所有权（股权），通过企业增资的方式引进新的股东，同时是总股本增加的融资方式。股权融资所获得的资金，企业无须还本付息，但新股东将与老股东同样分享企业的盈利与增长。因此，股权融资被认为是低成本撬动高投资的最好方式，是目前主流的融资方式，一些前期发展较好，进入快速成长期的企业都会选择股权融资。

股权融资通常分为三种类型：

1. 股权质押融资

融资企业以股权（股票）作为质押标的物，向银行申请贷款或为第三者的贷款提供担保，按质押标的物的不同分为动产质押和权利质押。股权质押属于权利质押的一种，是市场上补充资金流动性的常用方式。

通常情况下，如果融资企业选择股权质押，其融资会打折扣。例如，某公司向银行融资 1000 万元，需要质押的股权价值则在 2000 万元以上，折扣率在 3 ~ 6 折不等。

由于股票市场波动较大，若股票价格上涨，将来的事情都好解决。如果股票价格下跌，企业就有可能出现无法偿付本金的风险。为尽可能降低风险，银行会设定股权质押预警线（160或150）与平仓线（140或130）。

例如，一只个股质押时市值为10元/股，质押率为5折，预警线为160，平仓线为140。那么，预警价位为：10元×0.5×1.6=8元，即股价下跌20%即为预警价了。平仓价位为：10元×0.5×1.4=7元，即股价下跌40%银行就可以强制平仓，以保住本金。

其实，投资方也不愿意强制平仓，如果股票价格一直下跌，投资方会先要求融资方补仓，此时融资企业就要考虑是继续补还是就此收手平仓，因为补得多了，若股价仍不见好转，到时很可能会失去对企业的控制权。

由此可见，虽然股权质押已经成为企业补充资金流动性的常用方式之一，但风险较大，特别是上市企业的股票质押。

2. 股权增量融资

股权增量融资也称为增资扩股融资，是权益性融资的一种形式，并是有限责任公司和股份有限公司上市前常用的融资方式。

有限责任公司的增资扩股是指企业增加注册资本，原股东有权优先按照实缴的出资比例认缴出资，如果全体股东约定不按照出资比例优先认缴出资，则由新股东出资认缴，使企业的资本金增强。

股份有限公司的增资扩股是指企业向特定对象发行股票募集资金，原股东增加投资扩大股权或新股东投资入股，增加企业的资本金。

股权增量融资有如下优点：

（1）扩大融资企业的股本规模，提高企业实力、影响力及信誉度，降低资产负债率，优化资本结构。

（2）所筹集的资金属于自有资金，与负债资本相比，既可以提高融资企业的信贷能力，也没有还本付息的危险。

（3）吸收直接投资，不仅可以筹集现金，还能获得其所需的先进设备的技术，能尽快形成生产经营能力。

（4）由于外部股东的加入，可以建立有效的企业治理结构及激励与约束机制，并调整股东结构和持股比例，建立股东之间的制约机制。

（5）融资企业可以根据自身经营状况向投资者支付报酬，没有固定支付的压力，财务风险小。

（6）能够增加融资企业的净资产和现金流量，有利于企业加大固定资产的投资，提高产能、销售收入和净利润，为上市创造条件。

PE融资——强化再融资能力

私募股权投资的英文全称是Private Equity，简称PE。私募具体是指有一定股权投资经验的股权投资管理人（通常称为GP）通过私下募集资金的形式向有钱的人（通常称为LP）融一笔钱。

从投资方式角度看，PE通过私募形式对非上市企业进行的权益性投资，在交易实施过程中附带考虑了将来的退出机制，即通过上市、并购或管理层回购等方式，出售持股获利。从融资方式角度看，PE融资是相对股票公开发行而言的，以股权转让、增值扩股等方式，通过定向引入累计不超过200人的特定投资者，使企业增加新的股东，获得新的资金的行为。

私募股权投资机构向具有高成长性（不一定具有高科技与新技术）的非上市企业进行股权投资，并提供相应的管理和其他增值服务，以期通过IPO或者其他方式退出，实现资本增值的资本运作过程。

PE融资的特点如下：

（1）在运作流程上，PE融资的手续较为简便，企业能快速获得所需资金，且一般不需要抵押和担保。

（2）在资金来源上，PE融资主要面向机构投资者（风险基金、杠杆并购基金、保险公司等）或个人，以非公开方式募集，其销售、赎回也以非公开方式进行。

（3）在融资工具上，私募股权基金多采用普通股、可转让优先股以及可转债的形式。

（4）在交集程度上，私募股权投资者在所投资企业的经营管理上积极主动，为企业提供有效的经营咨询和支持，以及为上市创造条件。

（5）在投资期限上，私募股权投资期较长，通常为3~5年或更长。

（6）在企业关注上，追求高额回报率，PE更关注投资成功率，因此更青睐在经营层面成熟或较成熟的企业。

（7）在退出方式上，企业上市可实现财富增长和抗风险能力。IPO后进入公开市场，投资机构的利润更容易变现。

根据不同的背景，PE主要分为三大类，企业在甄选时一定要区分更适合哪一类。下面进行逐一介绍：

（1）国内外专业私募股权基金：大型集团下属——具体可分为三类：

①专业的私募股权基金管理公司；②国际投资银行下属的直接投资部；③国际大型集团下属的投资基金。

（2）大型企业或上市企业：设立下属创投公司——这类 PE 的特点有三项：①所进行的 PE 投资必须符合整个集团的战略发展方向，因此投资范围狭小；②进行 PE 投资的资金仅限于集团的部分闲置资金，因此投资额度不大；③很少能形成畅通的退出渠道，因此投资不确定性较多。

（3）券商系：成立直投管理部——按照中国证监会的要求，当前券商直投只能用自有资金开展，投资对象是具有发展潜力的未上市企业，且投资期限不能超过三年。还有一些券商通过"曲线"直投的策略参与 PE 投资，主要有三种方式：①成立直投管理部；②成立单独的投资公司；③与其他 PE 合作。

融资企业选择私募股权投资机构时不能马虎，在什么阶段可以进行 PE 融资，如何接洽 PE，应该联系怎样的 PE，如何防范谈判破裂等问题，都必须慎重对待。

（1）融资企业在什么阶段需要进行 PE 融资？除了极少数专门做投资金额不超过 1000 万元的早期项目的 PE，绝大多数 PE 感兴趣的私募交易门槛单笔在 2000 万元以上，尤其是上亿级别的私募交易竞争最为激烈。因此，如果企业仍在初创阶段，仅需要数百万元级别的融资，不建议花精力找 PE，而应寻找"天使"或 VC。

（2）融资企业如何接洽 PE？在经济上行阶段，一家优质的成长期企业会同时被多家 PE 追逐，哪怕企业的综合评价差一些，只要有私募意愿，PE 都会闻风而动，此时私募交易的发起方通常是 PE。在经济下行阶段，企业的私募愿望空前强烈，PE 的投资意愿却不强烈，此时私募交易的发起方通常是融资企业。为了更好地联系 PE，建议通过财务顾问、投行券商或专业律师帮助企业向 PE 推荐，其中专业律师尤其被 PE 重视。

（3）融资企业如何寻找 PE？可以从 5 个方面入手：①背景：如 A 股上市企业、海外上市企业、老牌人民币基金、老牌美元基金、新锐基金、新三板基金、产业基金、独角兽、国资等；②领域：掌握各目标 PE 对投资赛道的侧重，投给同领域但又需避开投过本企业直接竞聘的 PE；③轮次：明确目标 PE 的投资额度区间和投资项目估值区间；④风格：不同 PE 有着不同的投资风格；⑤资源：搞清楚 PE 的各种背景资源。

经过上述五点的初筛后，融资企业就可以通过匹配关键五项，找到最合适的 PE 进行私募交易（见图 6-1）。

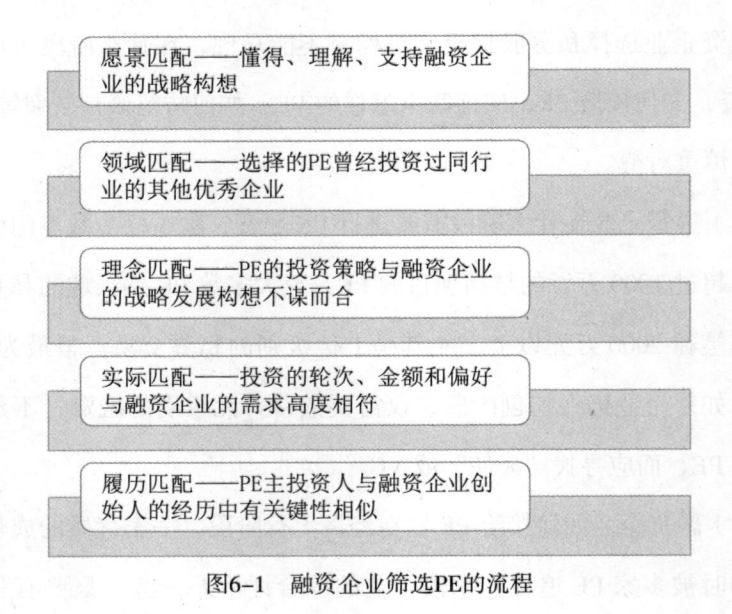

愿景匹配——懂得、理解、支持融资企业的战略构想

领域匹配——选择的PE曾经投资过同行业的其他优秀企业

理念匹配——PE的投资策略与融资企业的战略发展构想不谋而合

实际匹配——投资的轮次、金额和偏好与融资企业的需求高度相符

履历匹配——PE主投资人与融资企业创始人的经历中有关键性相似

图6-1 融资企业筛选PE的流程

（4）什么原因会导致融资谈判破裂？以融资企业与目标 PE 签署保密协议作为双方开始接洽的起点，最终能谈成的交易不到三成。谈判破裂的原因有很多，比较常见的有四点：①融资企业对估值判断不够客观，过分高出市场公允价格，导致投融资双方在企业价值判断上的差距过大，交易很难谈成；②融资企业的业务受制性太强或者技术太高深或者商业模式太复杂，但 PE 更倾向于选择从市场竞争中杀出来的简单的生意；③企业融资的时机不对，过于缺钱的样子吓到了 PE；④融资企业希望借助 PE 的钱试水新领域，私募当然不愿意。

债权融资——带来财务杠杆正效应

企业以举债的方式进行融资，承担使用所融得资金的利息，且在借款到期后向债权人偿还资金的本金。

债权融资方式主要用于解决企业资金短缺的问题，无法用于包括各国间股票、债券、证券等交易，以及一国政府、居民或公司在国外的存款的开支。

债权融资具有财务杠杆的作用，能够提高融资企业所有权资金的资金回报率。除在一些特定情况下，债权融资可能带来债权人对融资企业的控制和干预的问题，一般不会对融资企业产生控制权的问题。

债权融资的方式有很多，根据总结实操案例，可知以下七种最为常见,融资企业在选择时可根据实际情况酌情选择。

1. 银行融资

银行融资是以银行为中介的融通资金活动,具有如下三个特征:

(1)灵活多样。银行可提供不同数量、不同方式、期限长短不一的融资选择。

(2)信用累计。可积少成多、续短为长,银行可提供数量大小、期限长短不一的贷款。

(3)降低风险。在授信之前,专家会对调研资料进行可行性研究,之后作出决策。

短期贷款利率分为两个层级:6个月以内;6~12个月。短期贷款执行合同利率,不分段计息;中长期贷款利率分为三个层级(1~3年、3~5年、5年以上),实行分段计息。

2. 信用担保

信用担保属于第三方担保,其基本特质是保障债权实现,促进融资和其他生产要素的流通。具体操作模式是:企业在向银行融资的过程中,依据合同约定,由担保机构为债务人提供担保,在债务人无法依约履行债务时,由担保机构履行合同约定的偿还责任,以保障银行债权的实现。

信用担保具有信用体系建设,以及使正确统一的信用信息被金融机构和贷款企业共同分析和享用的作用。

3. 融资租赁

出租方依据承租方的请求,与承租方订立租赁合同,与第三方订立供货合同,出租方依据供货合同购买承租方选定的设备,再依据租赁合同将购买的设备出租给承租方,并向承租方收取一定的租金。

中小企业采取融资租赁方式所享有的还款期限可达三年,而还款则可选择分期方式,极大地减轻了短期资金压力。

融资租赁有五个特点:

(1)租赁物由承租方决定,在租赁期间只能租给一个承租方使用。

(2)承租方负责检查第三方所提供的租赁物,出租方无须对租赁物的质量与技术作出担保。

(3)出租方拥有租赁物的所有权,承租方在租赁期间享有使用权,并负责此期间租赁物的管理、维护和保养。

(4)在租赁期间,出租方与承租方均无权单方面撤销合同,除非租赁物毁坏或被证明已失去使用价值的情况下才能中止执行合同,无故毁约的一方须支付罚金。

(5)租期结束后,承租方可以选择留购和退租,若选择留购,购买价格由租赁双方协商确定。

4. 信用证融资

信用证融资是国际贸易中银行向进口企业融资的方式。具体操作模式是:商业银行按进口企业的请求,向出口企业开放信用证,准许出口企业对开证银行、代理银行开立一定金额的汇票,在单据符合信用证有关条款的条件下,银行担保付款。

因在国际贸易活动中买卖双方很难建立完全信任,买方担心预付款后卖方并未准时发货,卖方担心在发货后买方不付款。因此,需要两家银行充当买卖双方的保证人,以银行信用替代商业信用(见图6-2)。银行在这一过程中所用的工具就是信用证。

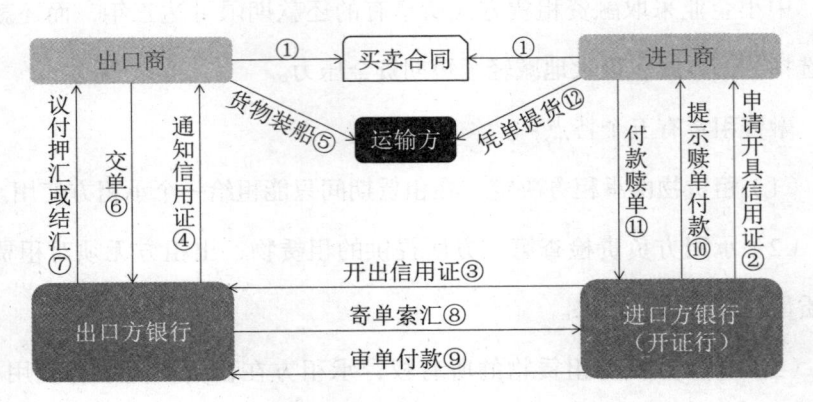

图6-2 信用证产生的流程

注：1. 圆圈标注数字为产生的步骤。
　　2. 出口方银行可分为两家银行：通知行和寄单议付行。

信用证融资方式发生在如图6-2所示的第②个环节。进口商前往所在地银行开证（须提交环节①的合同和相关申请书），进口方银行一般要求企业缴纳信用证担保合同金额的20%～30%当作保证金，直到进口方银行收到信用证对应的货物单据之后，才通知进口商付款赎单。

信用证起到的融资作用体现在企业只须缴纳信用证担保合同金额的20%～30%作为保证金时，不必缴纳环节③～⑪过程中产生的相当于合同金额70%～80%的资金，提升了企业的资金周转空间。

5. 基金融资

基金融资是从社会上的基金组织中获得资金支持。基金在广义上是为了达成某种目的而设立的资金，根据不同分类方式分成不同类型（见表6-1）。

表6-1 基金分类

分类方式	基金类型
依据基金单位的增加或赎回	开放式基金：通过银行、券商等机构申购或赎回，规模不固定
	封闭式基金：具有固定的存续期，通常在证券交易场所上市交易
依据形态的不同	公司型基金：公司成立并发行基金股份
	契约型基金：基金管理人、基金托管人与投资人三方通过基金契约设立

证券投资基金以契约型基金为主，不需要设立合伙实体，由基金管理公司发起设立契约型基金并成为基金管理人，与其他投资人签订契约型投资合同。因此，基金管理公司作为投资主体，成为融资企业的股东。原投资人可通过平台方以买入价将受益权转让出去，解除投资协议关系，拿回资金。新投资人可再通过平台以卖出价从原投资人手里买入受益份额进行投资，与基金管理公司建立投资协议关系。

6. 资产证券化融资

资产证券化融资是将资产重组转化为证券的一种融资方式，以资产组合或现金流为基础。资产证券化融资的最大优势是通过使用风险隔离与信用增级，帮助融资企业摆脱信用条件的限制，帮助低级别信用的融资企业以高信用级别的融资成本获得融资。

资产证券化融资属于表外融资，即不在企业的财务报表上展现交易的资产与发行的证券，不仅可以让企业的资产负债表更加紧凑，还可以在数字上提升企业表现，给企业带来良好声誉。

此外，资产证券化融资还具有"三高"的特性：

（1）灵活性高：可以设计出多种满足投资方需求的产品。

（2）流动性高：在资产转化过程中，将流动性差的资产转变为流动性强的证券与现金。

（3）自由度高：投资方无权对融资方的经济行为进行监督与干涉。

7. 项目融资

以项目的资产、预期收益等作为抵押，获得无追索权或有限追索权的融资，常用于现金流量稳定的道路、铁路、桥梁等大型基建项目。

项目融资的最常见方式为BOT特许经营，主要针对大型的营利性基础设施项目，如高速公路、污水处理厂等。由所在国政府和私人投资者签订特许协议，私人投资者负责实施项目建设，项目完工后，私人投资者可以在运营一定时期后再移交所在国政府（见图6-3）。

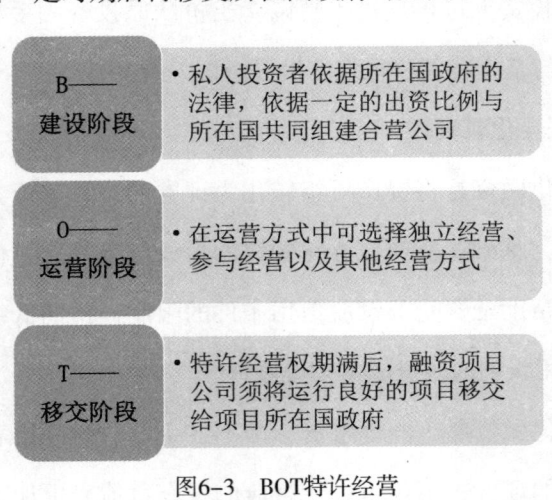

阶段	说明
B——建设阶段	私人投资者依据所在国政府的法律，依据一定的出资比例与所在国共同组建合营公司
O——运营阶段	在运营方式中可选择独立经营、参与经营以及其他经营方式
T——移交阶段	特许经营权期满后，融资项目公司须将运行良好的项目移交给项目所在国政府

图6-3　BOT特许经营

新三板融资——企业价值获得"官方认证"

"新三板"是继上海证券交易所和深圳证券交易所之后，国务院批准的第一家公司制全面性的证券交易所。新三板建立的主要作用是帮助非上市股份公司的股票转让和发行融资提供一个完善的平台。通过该平台，可以让非上市股份公司进行股票交易、发行融资、并购重组等业务项目。为了与之前的三板市场进行区分，将该交易平台称为新三板。

新三板的建立是我国金融体制改革中的重要一步，是我国实现经济转型的一个重要配套措施。它给大量企业提供了融资平台，帮助企业解决发展中存在的资金方面的问题。可以这样说，能够进入新三板的企业等于获得了"官方认证"，在融资的道路上会更加顺利。企业在新三板挂牌后，股票就可以通过全国中小企业股份转让系统进行交易流通。

中海阳新能源电力股份有限公司（以下简称中海阳）成立于2005年，是一家高新技术公司，作为专业太阳能电站服务商，其主要从事以太阳能发电为主的新能源行业。2009年，中海阳完成股份制改造；2010年3月，在全国股份转让系统挂牌成功。

2010年6月，中海阳进行了定向增资，以每股9元的价格增资1250万股，募集资金1.125亿元，使企业注册资本增至6000万元。募集资金被全部用于太阳能电站核心技术的研发。

2010年11月,中海阳再次启动定向增资,以每股21.2元的价格增资1000万股,募集资金2.12亿元,此时企业注册资本增至7000万元。

通过两次定向增资,中海阳共募集资金3.245亿元,分别被用于公司发展、项目开发、产品生产方面。在拥有充裕资金支持的情况下,中海阳大胆进行战略布局,让公司的"专业太阳能电站服务商"得到了市场定位,从原来的太阳能光伏领域延伸到太阳能光热领域。

公司只要在"新三板"挂牌就等于价值提升,进而带动估值提升。而且,公司挂牌后等于做上了常年免费广告,公司的整体品牌形象得以提升,从而获得更充裕的项目储备,公司在业务关系中的定价、议价能力也相应增强。

在新三板的规范指导下,公司的内部治理结构得到了完善,使得公司的管理和经营更加规范化、科学化、合理化。

通过上述案例的讲解,可以知道企业登录新三板可以得到的诸多好处。其实,企业登录新三板还有一些其他优势,可以为企业进一步发展扫除障碍。

1. 挂牌门槛低

与主板、创业板、中小板上市对企业财务、股东等硬性规定不同,"新三板"挂牌对企业财务、股东与高新技术没有限制。企业只要在主体资格、经营业务、治理机制、股权设计、信息披露等方面符合规定,就可以挂牌新三板,成为非上市公众公司,具体如下。

(1)企业主体要求——依法设立且存续时间满两年。

（2）经营业务要求——业务明确，且具有可持续盈利能力。

（3）治理机制要求——企业治理机制健全，合法规范经营。

（4）股权设计要求——股权结构明晰，股票发行和转让机制合法合规。

（5）信息披露要求——信息必须按规定公开披露。

2．申报效率高

相较于申请上市，新三板挂牌的速度更快，通常需要完成五步流程，一般在半年内就能完成。

第1步，股份制改造（需要2～3个月）。

登录新三板的企业，要求必须是非上市的股份有限公司。根据《证券公司代办股份转让系统中关村科技园区非上市股份有限公司股份报价转让试点办法（暂行）》的要求，拟挂牌企业应以股改基准日经审计的净资产值整体折股，即由有限企业整体变更为股份企业。

第2步，主办券商尽职调查（与第3步合并需要1～2个月）。

主办券商通过实地考察的方式对拟挂牌企业进行调查，确保拟挂牌企业符合挂牌条件，且推荐挂牌备案文件要真实、准确、完整。

第3步，证券企业内核。

主办券商内核委员会议审议拟挂牌企业的《股份报价转让说明书》及《尽职调查报告》等相关本案文件，并出具审核意见。如果发现拟挂牌企业存在需要整改的问题，给出解决建议和整改思路；如果没有发现问题，便向中国证券业协会出具《推荐报告》。

第4步，监管机构审核（包括反馈时间，需要2个月左右）。

因为负责审核的是中国证券业协会，因此也称为协会审查。这一步骤决定着企业新三板挂牌能否成功的决定性步骤。

中国证券业协会决定受理后，则下发受理通知书，并在受理之日起50个工作日内对备案文件进行审查。在审查过程中，如果发现异议，则向主办券商提出书面或口头反馈意见；如果未发现异议，则向主办券商出具《备案确认函》。

当中国证券协会要求主办券商补充或修改备案文件时，则受理文件时间自中国证券协会收到主办券商的补充或修改意见的下一个工作日起重新计算。中国证券协会若对券商提供的备案文件经多次反馈仍有异议，决定不予备案的，将向主办券商出具书面通知并说明原因。

第5步，股份登记和托管。

根据《证券公司代办股份转让系统中关村科技园区非上市股份有限公司股份报价转让试点办法（暂行）》的规定，投资人持有的拟挂牌企业股份应当托管在主办券商处。

主办券商在取得中国证券协会出具的《备案确认函》后，辅助拟挂牌企业在挂牌前与中国证券登记结算有限责任企业签订《证券登记服务协议》，办理全部股份的集中登记。

3．执行费用少

新三板挂牌费用通常由4个部分构成，具体如下。

（1）推荐挂牌费用。由于各地高新园区针对新三板挂牌业务制订了财政补贴计划，所以拟挂牌企业可以在政府财政支付范围内减少此项费用的支出。

（2）挂牌初费和年费。拟挂牌企业需要在挂牌时和挂牌期内按照总股本的大小向全国中小企业股份转让系统有限责任公司缴纳挂牌初费和年费。

（3）信息披露督导费。由于主办券商负责对挂牌企业的信息披露情况进行监督，因此企业在挂牌后每年需要向主办券商缴纳此项费用。

（4）信息披露费。挂牌企业每年还需要向全国中小企业股份转让系统有限责任公司缴纳此项费用。

总体计算下来，新三板挂牌费用大概在150万~200万元，不包含募资费用。相比较主板和创业板上市动辄数千万元的费用，新三板的收费标准是非常低的。

在"新三板"挂牌企业的常规融资途径是通过全国中小企业股份转让系统进行股权转让，但也有一些其他途径，下面介绍三种最常见的。

一是定向发行股票。

根据《全国中小企业股份转让系统有限责任公司管理暂行办法》的规定，企业在申请挂牌新三板的同时或者挂牌后，可以采用定向发行股票的方式进行融资。定向发行的股票可以在全国中小企业股票转让系统中公开转让，增强了挂牌企业的股票流动性。

《非上市公众公司监督管理办法》第四十四条第一款："公司申请定向发行股票，可申请一次核准，分期发行。自中国证监会予以核准之日起，公司应当在3个月内首期发行，剩余数量应当在12个月内发行完毕。超过核准文件限定的有效期未发行的，须重新经中国证监会核准后方可发行。首期发行数量应当不少于总发行数量的50%，剩余各期发行的数量由公司自行确定,每期发行后5个工作日内将发行情况报中国证监会备案。"

二是发行优先股。

2013年11月30日,国务院颁布《关于开展优先股试点的指导意见》,其明文规定:"优先股是指依照公司法,在一般规定的普通种类股份之外,另行规定的其他种类股份,其股份持有人优先于普通股股东分配公司利润和剩余财产,但参与公司决策管理等权利受到限制。"

2015年9月22日,全国中小企业股份转让系统发布《全国中小企业股份转让系统优先股业务指引(试行)》及相关业务指南。

新三板挂牌企业发行优先股不仅解决了企业管理层对企业实际控制权的要求,也给了投资方以回报保障。

三是股权质押。

利用股权质押的方式进行融资在本章的"股权融资——低成本撬动高额投资"一节中做了详细介绍,在此不再赘述。在此针对结合新三板做一些介绍。

一般情况下,处于成长阶段的(中小)企业资产相对较少,难以通过资产抵押的方式从银行拿到贷款。其股权价值也难以评估,无法预料股权的保值性,也难以通过股权质押的方式拿到贷款。但是,处于成长阶段的(中小)企业挂牌"新三板"则相对容易,因为挂牌后企业的股权流动性增强,市场可以对企业股权进行定价和估值,所以企业股东便可以将持有的股权质押给银行拿到贷款。

为了进一步加强对新三板融资的认识,在本节的最后再来简单阐述

"北交所和新三板的关系",以及"新三板转板北交所的好处"两项内容。

北交所的全名是北京证券交易所有限责任公司,是全国中小企业股份转让系统有限责任公司的全资子公司。北交所与新三板的关系可以概括为以下三点:

(1)在业内,新三板的主管机构就等同于新三板。因此,大新三板包括基础层、创新层、精选层,北交所可以理解为精选层。

(2)北交所的设立,意味着中小企业,尤其是专精特新"小巨人"企业将迎来黄金时代。根据工信部公布的三批专精特新"小巨人"企业名单,A股上市公司中约有306家,新三板挂牌公司中约有358家,超过A股主板+科创板+创业板的总和。

(3)新三板的定位是创新、创业、成长型的中小微企业,为其在进行股份公开转让、融资、并购等业务方面提供服务,连通了中小企业与民间资本。

我国股票公开发行后就可以获得上市资格。随着市场发展阶段的不同,所对应的股票发行制度也不一样。其中,审批制是完全计划发行的模式,注册制是成熟股票市场采用的模式,核准制是从审批制向注册制过渡的中间阶段(见表6-2)。

表6-2 审批制、核准制、注册制的区别

对比项	审批制	核准制	注册制
指标和额度	有	无	无
上市标准	有	有	有
保荐人	政府或行业主管部门	中介机构	中介机构

续表

对比项	审批制	核准制	注册制
对发行作出实质判断的主体	中国证监会	中介机构和中国证监会	中介机构
发行监管制度	中国证监会实质审核	中介机构和中国证监会分担实质审核职责	中国证监会形式审核；中介机构实质审核
市场化程度	行政体制	半市场化	完全市场化
发行效率	低	中	高

全面实行注册制是涉及资本市场全局的重大改革，对健全资本市场功能、提高直接融资比重、促进经济高质量发展具有重要意义。

北交所设立时即同步试点注册制，坚守服务创新型中小企业的定位，体现了标准明确、披露为本、公开透明、尊重市场的制度特色。

北交所推出直联机制，企业可以更为快速地在新三板挂牌，然后冲击北交所上市，甚至"12+1""12+2"即可完成北交所过会。从新三板到北交所，使中小企业有了更多选择的路径，提升了新三板对企业的吸引力，尤其是在直联机制落地后，优质企业有望快速在北交所上市。

在全面注册制改革下，北交所和沪深交易制度在规则上趋于统一，北交所估值折扣问题有望得到优化，吸引市场资金参与。

据北京企业上市综合服务平台统计，截至2023年5月30日，北交所共有上市企业197家，总市值2686.94亿元，首发募集资金395.56亿元，加上此前转板的3家公司，北交所上市公司达200家。今年以来，北交所IPO提速，年内有35家北交所公司上市。

IPO融资——企业价值的爆炸式增长

将经营企业的全部资本等额划分,转换为股票的形式,经有关部门批准后上市流通,并公开发行。这些股票由投资者直接购买,在短时间内可筹集到巨额资金。

上市是大多数企业的经营目标,因为只要上市后,企业就可以公开发行股票,由此筹集资金不仅容易,而且快速。股票一般在上海证券交易所或深圳证券交易所挂牌,以A股或B股的形式让投资者自主选择(买进或卖出)。由于交易市场拥有极其庞大的用户数量,所以企业可在一级市场和二级市场的共同助力下,实现自身价值的爆炸式增长。

1994年,全聚德进行了第一次股改。此次改革由全聚德集团发起,后来与深圳宝安集团、上海新亚集团等一起合作成立了全聚德股份公司(以下简称全聚德)。

1996年,全聚德开始筹划上市,但由于当时制度上的原因,加上受全聚德本身的企业规模所限,监管部门和企业人士普遍认为上市条件还不成熟,因此使上市计划首次遭遇搁浅。

2001年,经过5年的发展与改制,全聚德公开对外宣布"正筹备上市事宜"。当时国内股市低迷,且内地股市中属于餐饮概念的上市公司在股市上的品牌含金量并不高，概念化的元素偏多，故监管部门对餐饮企业的审查程序要严格得多，导致全聚德的上市申请未被中国证监会批准。

2006年下半年，中国股市迎来了"大牛市"的机遇，全聚德在2007年1月第三次谋求上市计划全面启动。在经营内容方面有了实质性扩展，产业结构更趋合理的情况下，终于在2007年9月29日，中国证券监督管理委员会发行审核委员会2007年第142次和143次会议审核通过了中国全聚德（集团）股份有限公司（首发）上市申请。经过11年的不懈努力，全聚德终于实现了上市梦，成为中国第一家在A股上市的餐饮企业，被坊间称为"餐饮一哥"。

进入发行上市阶段后，全聚德在北京、上海、深圳三地连续举办了三场一对多的路演推介会，与询价对象进行全面、充分的交流，最终确定了发行价格为11.39元/股。股票价格确定后，全聚德于2007年11月2—5日进行网上和网下配售，参与网下申购的配售对象共有435家，冻结资金总额为323.5亿元；参与网上申购的配售用户数为1169482户，冻结资金8694.98亿元。

2007年11月20日，中国全聚德（集团）股份有限公司挂牌上市，当日开盘价为36.81元，比发行价大幅高开223.18%，最高价为44元。扣除各项发行费用后，募集资金的净额为388040140元。

通过全聚德上市的案例可以看出，IPO上市可以为企业带来非常庞大的资金支撑。虽然上市后对于企业发展来说有极大的好处，但上市也有非常严格的要求，只有符合资格并通过严格审查的企业才可以正式挂牌上市。那么，企业上市需要具备的条件有哪些呢？

企业上市条件在《中华人民共和国证券法》中有明确规定，可以概括为以下六项，必须全部满足，缺一不可。

（1）股票经国务院证券监督管理机构核准已向社会公开发行。

（2）公司股本总额不少于人民币3000万元。

（3）公司开业时间在三年以上，最近三年连续盈利；原国有企业依法改建而设立的，或者《中华人民共和国公司法》实施后新组建成立，其主要发起人为国有大中型企业的，可连续计算。

（4）持有股票面值达人民币1000元以上的股东人数不少于1000人，向社会公开发行的股份达公司股份总数的25%以上；公司股本超过人民币4亿元的，其向社会公开发行的比例为10%以上。

（5）公司最近三年内无重大违法行为，财务会计报告无虚假记载。

（6）国务院规定的其他条件。

在我国，股票只要公开发行后就可以获得上市资格。交易形式分为A股和B股。

A股的正式名称是人民币普通股，是我国境内企业发行的供境内机构、个人以及境内居住的港澳台居民以人民币认购和交易的普通股股票。

B股的正式名称是人民币特种股票，也称为"境内上市外资股"，由中国境内企业发行，以人民币表明面值，以外币认购和交易，主要供中国港澳台地区及外国的自然人、法人、其他组织或是定居在国外的中国公民投资交易的外资股。

上海证券交易所和深圳证券交易所发行的用人民币进行买卖的股票，市场统称为A股。上海证券交易所以美元交易B股，深圳证券交易所是以港币交易B股。另外，还有其他一些差异如下（见表6-3）。

表6-3 A股和B股的区别

名称	定义	交易币种	记账方式	交割制度	涨跌幅限制	参与投资者
A股	在内地注册并上市的普通股票	以人民币认购和交易	无纸化电子记账	T+1	±10%	境内机构、个人、在境内居住的港澳台居民
B股	在内地注册并上市的特种股票	以人民币表明面值；以外币认购和交易	无纸化电子记账	T+3	±10%	港澳台地区及外国的自然人、法人、其他组织、定居在国外的中国公民

申请国内A股上市的门槛高且周期长，但境内企业仍将在A股上市作为长期目标，原因有以下几点：①市盈率高；②融资能力强；③发行成本较低；④本土市场国内知名度高。

我国上市企业的资金来源主要包括三种形式，具体如下。

1. 债务性融资

收购企业通过承担债务的方式从他人那里筹措并购所需的资金。

（1）金融贷款。优点是：①手续较为简便；②融资成本较低；③融资数额较大。缺点是：①企业要向银行公开自己的经营信息；②企业在经营管理上受制于银行；③提供抵押或保证人，降低了再融资能力。

（2）发行债券。优点是：①债券利息可在企业缴纳所得税前扣除；②发行债券可避免稀释股权。缺点是：由于债券发行过多将影响企业的资本结构，增加再融资的成本。

2. 权益性融资

企业通过发行股票融资或者通过换股方式进行并购。

（1）发行股票。企业运用发行新股或向原股东配售新股的方式筹集资金，进行并购价款的支付。优点是：①不会增加企业的负债；②扩大企业资产规模；③增加企业再融资能力。缺点是：①稀释原有股权比例；②降低每股收益率；③因股息须在企业缴纳所得税之后支付，由此增加了企业的税负。

（2）换股并购。以收购方本身的股票作为并购的支付对价，而获取被收购方的股权。优点是：①企业避免大量现金短期流出的压力；②降低收购所引发的企业流动性风险；③收购不受并购规模的限制。缺点是：企业受证券法规的严格限制，导致审批手续繁杂，耗时较长。

3. 混合性融资

同时具有债务性融资和权益性融资的融资方式。

（1）可转换债券。企业债券持有人在一定条件下可将债券转换为该企业的股票。优点是：①报酬率较低，可降低企业的筹资成本；②灵活性较高，可以根据具体情况设计不同报酬率和不同转换价格；③当可转换债券转换为普通股后，债券本金无须偿还。缺点是：①当债券到期时，如果企业股票价格上涨，债券持有人会要求转化为股票，使企业蒙受财务损失；②当债券到期时，如果企业股票价格下跌，债券持有人会要求退还本金，增加企业现金支付压力；③当可转换债券转换为股票时，企业原有股东的股权会被稀释。

（2）认股权证。由股份有限公司发行的，能够按照特定价格在特定时间内购买一定数量该公司普通股票的选择权凭证；优点是：①避免并购完成后，被并购企业的股东成为普通股股东；②延迟稀释股权，延期支付股利，为企业提供额外的股本基础；缺点是，如果认股权证持有人行使权利，而股票价格高于认股权证约定的价格，那就会使企业遭受财务损失。

其他融资——总有一种方式点亮资本

除了上述详细阐述的融资方式外，还有一些融资方式也能在需要的时候帮助企业实现资本增益。企业可以根据实际经营情况，酌情裁量。

1. 民间借贷

这是一种历史悠久的民间金融活动，主要指自然人与自然人，自然人与法人或其他组织之间，法人与法人或其他组织之间，以货币或有价证券为标的进行融资的方式。

经金融监管部门批准设立的从事贷款业务的金融机构及其分支机构，发放贷款等相关金融业务，不属于民间借贷。

法人或者其他组织在本单位内部以借款形式向员工筹集资金，用于本单位生产经营，且不属于《最高人民法院关于审理民间借贷案件适用法律若干问题的规定》中第十四条规定的情形，民间借贷合同就有效。

2. 票据贴现融资

企业为加快资金周转向银行提出的金融需求。具体操作模式是：持票人（融资企业）向银行出售商业票据，并向银行支付贴现利息的融资方式。

（1）银行承兑汇票贴现。企业持银行承兑汇票前往银行，依据一定贴现率申请兑现，以获取资金。票据一经贴现便归贴现银行所有，当承兑汇票到期时，银行向承兑人提醒付款，若承兑人未付款，银行对贴现申请人保留追索权。

（2）商业承兑汇票。企业持商业承兑汇票前往银行，依据一定贴现率申请兑现，以获取资金。票据一经贴现便归贴现银行所有，当承兑汇票到期时，银行向承兑人提醒付款，若承兑人未付款，银行对贴现申请人保留追索权。

（3）协议付息票据贴现。卖方企业在出售商品后，持买方企业支付的商业汇票到银行申请办理贴现，由买卖双方约定的比例向银行支付贴现利息。

3. 保理融资

融资方将其拥有的应收账款转让给银行，以此获得资金。保理融资分为有追索与无追索两种方式：①有追索，是指当付款方到期未付账款时，银行有权向保理融资方追索未付款项；②无追索，是指当付款方到期未付账款时，银行只能向应收账款付款方行使追索权。

融资方进行保理融资需要注意四个关键点，具体如下。

（1）合同期限是多久？理想情况下的合同期限是1个月，在此期间融资方要尽可能寻找其他成本更低的融资方式。

（2）需要担保人吗？如果承购方有担保人，可以规避一些追偿资金时的风险；如果承购方没有担保人，可签订"无追索权"条款。

（3）应收账款无法收回怎么办？承购方若取得融资方应收账款的所有权，在遇到应收账款无法收回的情况时，融资方就需要偿还承购方的预付款。

（4）融资方出售多少应收账款为宜？尽量不要出售100%的应收账款，因为现金流与收款方式是随时会发生变动的，如果融资方在融资进行到一半时所需资金已经满足其需求，那么此时就可以选择中断融资方式，以减少须支付的利息成本。

4．无形资产抵押融资

无形资产抵押的主体多为专利权、著作权、商标权等。

操作流程为：抵押企业填写商业贷款申请书，银行对其承贷信用进行评估，若企业以其无形资产作抵押，银行需要将申请资料送至独立监价机构进行监价，监价机构将会提供无形资产的公平市场价值监价报告，并提出愿意提供给银行履约保证数额，企业便可成功贷款。

5．动产抵押/质押融资

融资企业将动产移交债权人所有，将该动产作为债权担保的融资模式。动产既可以抵押，也可以质押，两者相比较而言，担保物若是质押，安全性和完整性能够得到更有效的保障，担保物权更容易实现。

操作流程为：资产管理企业接受融资企业委托，对其库存原料或产品库存进行评估和托管，然后根据评估价格为融资企业做相应价值的担保，企业就可获得贷款。

6. 互助担保联盟

中小企业自愿出资组建互助担保基金协会，并为成员企业向银行贷款提供担保。一般包括以下两种形式：

（1）民间信用互助协会。由某些企业发起并成立的信用互助协会，协会为成员企业提供信用咨询服务，进而为其提供融资担保。

（2）中小企业信用担保。两家规模相近的企业互相担保和反担保，这种互相担保形成融资的企业必须有良好的信用。

7. 银行创新品种融资

银行创新品种融资，是指银行向市场提供的、能够满足客户（融资企业）需要的、与资金相关联的服务的创新。

银行创新品种是从基础的金融工具中衍生出来的新的金融产品，其价值由基础金融工具的价格变动决定。银行创新品种主要包括期货、期权、掉期等。

8. 典当融资

这是一种由古老模式演变而来的融资方式，是以实物作为抵押，以实物所有权转移的形式取得临时性贷款。典当融资的优势主要表现为以下几个方面：

（1）对中小企业的信用要求极低，甚至没有。

（2）只注重典当物品的质量，可随意选择动产的质押或不动产的质押。

（3）起点极低，价值千元、百元的物品都可以典当。

（4）典当手续立时可取，不问贷款用途。

第七章
融资路演切割资本蛋糕

根据总结得出的实战经验，我们认为任何一个融资项目路演都需要将"用户痛点"定位为主题，并围绕痛点问题从6个方面——解决方案、增长空间、盈利模式、内部管理、执行计划、融资方案，分别阐述融资项目的特点和优势。

这6个方面是项目融资路演的核心，必须完整地、系统地体现在路演资料中。这6个方面将分别回答：解决方案是什么？项目空间有多大？准备如何赚钱？有什么资格和条件做这件事？如何实现计划？需要多少资金做这件事？

痛点陈述：锁定项目的核心问题

一个项目能否获得融资、能够获得多少融资，取决于其是否具有价值，以及价值的大小。这个价值就在于满足市场上目标用户未被满足的需要或者对业界现有瓶颈问题提供解决方案，即融资项目对应的"痛点问题"。

在融资路演中，必须将痛点问题作为路演主题，也是最先切入的部分，对陈述的所有关键问题都须围绕痛点主题展开。

未被满足的需要会给用户的内心带来紧张，由此产生不便利、不畅快、不如意、不舒服的不良使用体验，用户期望得到改善和解决。如果某一款产品或服务能够应对某个痛点提出有效的解决方案，使需求即将获得满足的张力将促使用户做出购买决策。例如，外国人来华留学工作人数剧增，一款能够帮助外国人学习汉语的项目"GoEast"应运而生，受到投资界的青睐。

业界瓶颈问题的解决，不是简单地解决用户使用中的不便利，也不是对现有产品或服务的普遍改良，而是需要重大技术革新，甚至会因此引发业界的颠覆式变革。例如，一个融资路演项目是介绍"水解可溶胶"技术的突破，使得它有可能应用在不同的市场领域，能够解决"胶的毒副作用"的业界难题,因此该项目成功吸引到投资方的注意。

在融资路演时,投资方判断一个项目价值的大小,很重要的一点是根据其对"痛点"的思考和处理情况。因此,项目路演对痛点的选择和界定就非常重要,可以从"痛的程度""痛的规模""痛的解决"三个方面入手。

(1)痛的程度。融资项目所瞄准的目标用户群的痛点程度决定了人们想要摆脱"痛点"的迫切程度,一定是越"痛",想改变现状的愿望就越迫切。

(2)痛的规模。具有同样痛点的目标用户的数量决定了融资项目是否可以进行商业运作的标尺。如果具有相似痛点的市场用户数太少,则很难支撑起后期项目运营的各种成本。

(3)痛的解决。当痛点既很痛又达到一定体量时,就是考验痛点解决方案是否有效了。只有现有解决方案足够可行时,才有可作为的空间。

找出了项目针对目标用户群的痛点后,并不意味着融资路演中的痛点陈述环节就能做好,因为很多痛点陈述存在严重不足的情况,既没有将"痛"真正呈现出来,也没有将如何解决"痛"更好地告知投资方。一般路演时,痛点陈述存在以下四个问题:

(1)不够痛。不是痛点本身不够痛,而是未能将痛点问题的"痛"真正陈述出来。一般表现为陈述时没能针对用户需要,而是将陈述集中在产品如何出色上,说来说去也未能让投资方看到"用户为什么需要这样的产品或服务"。

(2)没体量。痛点虽然足够痛,但有此痛点的用户规模太小,所以这类融资项目路演中所展示的产品或服务即使有一定市场，也因为体量不够，或是还相当分散，再加上项目所提出的运营模式可能没有办法实现用户整合，自然也就没有体现规模效应的可行方案。

（3）泛化。忽视用户痛点的识别，夸大项目的适用领域。在实务操作中，一些融资项目总是倾向于把自己的产品或服务解读成"包治百病"，这种用户目标定位不清的泛化表现会让投资方产生疑问，"你的产品或服务凭什么能把所需要的各种资源整合在一起"，这种野心勃勃的项目是难以吸引投资方的目光的。

（4）错位。融资项目虽然拥有突破性的专利技术，但该技术的应用场景不对，即瞄准的目标市场与所提供的解决方案不匹配。再好的产品，再新颖的技术，如果目标市场和用户群体都不能对准，那么投资方如何去相信这样的项目呢！

通过以上讲述，能够理解痛点的识别和界定对于融资项目的后续操作来说是非常重要的，影响着目标市场确定、市场空间大小、计划执行情况、盈利模式设计、融资需求程度等诸多方面。融资企业需要清楚陈述项目如何针对现在用户痛点和行业痛点实现突破，让投资方更好地认同项目。

例如，一个融资路演项目为"由生物汽油异丁醇生产有机玻璃单体的绿色洁净化工工艺"，在项目概述部分，路演者直接给出"有机玻璃单体的行业现状"，并告诉投资方这个领域的全球市场规模约为114亿美元（2014年），中国当下（2014年）没有任何自主的单体生产工艺，全球现有工艺都依赖于石化原料，这种状况存在的问题是100%的碳排放、高能耗和重污染。一连串的数据说明了业界的巨大"痛点"和势必存在的巨大市场空间，由此提出一个预设：如果行业上有重大的技术突破，那么必然会有很大的发展空间。

路演者一番陈述后，为资本接受融资项目做足了铺垫。随即路演者又提出了"我们的科技创新"：我们是全球第一个绿色洁净的单体生产工艺，该工艺以低端生物汽油为原料，生产高端有机玻璃单体，可以减少80%碳排放、50%能耗。让资本对该项目形成了"有前景"且"有钱景"的认识，这种"始于需求，陷于市场，忠于用户，合于资本"的陈述，不仅将行业痛点陈述得十分清楚，还给出了有效的解决方案。

由此可知，在融资路演时，路演者需要让投资方认识到目标市场和用户群体有哪些"痛点"，再来展示自身产品或服务的有效性和独特优势，以建立起用户需求与该产品或服务所能提供价值之间的关系。要做到这一点，可以按照以下三步来执行：

1. 确定用户痛点

一个好的项目一定会瞄准自己的产品或服务所能解决的用户痛点，从而体现出项目的独特价值。

明确用户痛点源于对产品或服务所针对的目标市场的细分、选择与定位。因此，首先应该细分市场。过程包括识别细分市场的基础特征，勾勒细分市场的基本轮廓；其次是做市场选择。要根据不同细分市场的情况，考虑自己的产品或服务所针对的特定目标市场；最后是建立独特定位。即融资项目满足目标市场用户需求的方式，这个过程不是回答"产品能做什么"，而是回答（对目标用户）"我们能做什么"。须注意西奥多·莱维特的警告:"用户不是想买一台1/4英寸的钻孔机,而是想要一个1/4英寸的孔。"针对钻孔机进行项目融资路演就是告诉目标用户"产品能做什么",而针对能实现好这个痛点的产品或服务进行项目融资路演则是告诉目标用户"我们能做什么"。

2. 提炼用户痛点

定位用户及其痛点以后,接下来就需要提炼和澄清了。融资项目需要对目标用户使用体验有充分的了解,深刻洞察用户在使用产品或服务时的感受,这样才能从中提炼出关键痛点。具体方法有以下两种:

(1)在陈述用户痛点时,路演者要与观众(投资方)建立强关联,不要只强调这个痛点的重要性和紧迫性,而要看痛点与用户的日常生活和其使用感受息息相关的体验。

(2)以高情感卷入度为标准,而不是以问题重要度为标准。痛点要有高感知频率,要能在日常生活中经常被感受到。因此,一定要思考:这个痛点是否每天都能被用户的情绪诱发出来。

3. 表达用户痛点

在明确了用户痛点,也提炼出了高情感卷入的用户为满足需求后,接下来就是帮助用户道出心底的呼声,然后用理性和感性来分析与理解,洞察用户未被满足的需求。这里不仅要体现出融资项目对本质问题的把握程度,还要使观众(投资方)产生强烈的情感卷入度。理想的用户痛点陈述应该达到如下效果:

(1)巨大反差。陈述用户痛点时,路演者若能针对现有用户痛点,指出融资项目的解决方案会带来什么样的前所未有的变化,即解决前与解决后的巨大反差更容易引起投资方的兴趣。

（2）标新立异。陈述用户痛点时，路演者若能让投资方对融资项目所提出的解决方案产生新、奇、特的印象，也能吸引他们的兴趣。

（3）直戳人心。在融资路演过程中，如果路演者能够提出一些主张是观众（投资方）隐约感到但并没有清晰意识到的，那么路演者的话就会直入人心，由此提出的用户痛点也会激起强烈的共鸣。

解决方案：让资本了解痛点的解决之道

对于一个融资项目而言，不仅要让投资方认识到用户痛点，还要让投资方了解自己的解决之道。在融资路演中的解决方案部分，路演者需要向观众（投资方）解答三个问题，具体如下。

问题1：用什么产品或服务彻底解决或者真正缓解用户痛点？

先将痛点问题投射到市场上，然后针对痛点提出项目的产品或服务的定位。这个过程如同给观众（投资方）设立一个靶子（痛点），然后告知观众（投资方）自己准备了什么样的武器（产品或服务）射向目标（痛点）。至于立意是否新颖，方案是否可行，解决是否到位，这些都可以是展示方案的有效性。

通常融资路演的时间是8～10分钟，需要在几分钟之内说清楚产品或服务的解决方案，这就需要路演者略过原理，直接切入项目的核心部分——如何满足用户需要。因此，高效且精准地表达出产品或服务的独特功能是融资路演者要努力做到的。

问题2：解决方案与现有方案相比有什么优势？

在讨论这个问题之前，需要明白一个道理：任何方案都不可能是完美的，即便现在看起来完美，也一定是不完美的，且随着时间的推移会越来越不完美。但在实务操作中，很多融资路演者会将自己的产品或服务陈述成"完美级"，仿佛只要此方案一出，就一切OK了。如果融资路演者是带着"完美"的心态来陈述解决方案的，那么观众（投资方）是不会买账的，因为"完美"心态等于"拒绝承认自己的不足"，等于"丧失了再次改进的机会"，等于"很快会被淘汰"，这一连串的等于会让投资方对项目失去信心，甚至会直接否定此项解决方案。

因此，融资路演者在陈述解决方案时，要重点告诉投资方解决方案在提供更高效、更快捷、更便宜、更贴心的产品或服务等方面做了什么？

在陈述项目特色时，应该为下面即将展开的增长空间分析做好铺垫。因为这里所介绍的特色是后续分析细分市场空间的基础，并且让自己的产品或服务在与市场上的其他产品或服务的对比中凸显出来。优势只有通过与市场上现存解决方案进行对比，才能切实让投资方理解。

问题3：解决方案目前进展到哪一步？

在实务操作中，这个问题经常被忽视，融资路演者陈述痛点和陈述解决方案都做得不错，但当投资方问及解决方案进展到哪一步时，往往回答得不好，因为尚未做准备或者准备不充分。但是，投资方是一定会关注这个问题的，因为很多"镜花水月"的项目都描述得很好，但到具体实施时就会发现，原来是不可行的。因此，必须让投资方知道，融资项目现在的进展情况，是尚处于构想阶段，还是已在试验阶段，还是已经完成测试品，抑或是进入了实际销售阶段？

不同的阶段对应着不同的融资方案和投资喜好，有的投资方喜欢种子期项目，有的投资方喜欢成熟期项目，种子期项目的风险大，但收益也相应更大，成熟期的项目风险小，但收益也相应减少。

为了更好地在融资路演中呈现解决方案，建议遵循以下三个原则：

（1）对应原则。在给出解决方案时，与用户痛点对应起来，让投资方看到解决方案是如何满足目标用户的需要的。

（2）成果原则。在给出解决方案时，要展示产品或技术带来的成果，而非产品技术和技术细节，即与用户使用该方案后的认知体系关联起来。不必让所有人都明白产品或服务的复杂原理，但必须让所有人都知道产品或服务是如何解决用户痛点的。

（3）逻辑原则。虽然融资路演的形式是多种多样的，但在设计展示逻辑顺序时，或者由远及近，或者由大到小，或者由技术到功能，或者以"总—分—总"等形式，一定要选择适合企业本身的和适合路演者本人的方式，这样可以让解决方案的展示逻辑保持连贯，且清晰流畅。

增长空间：瞄准高利润区

资本在选择投资项目时，一定会关注项目是否有足够大的市场，因为只有市场足够大，才可能产生足够大的利润。通常情况下，高利润都是来自大市场，虽然也有高利润来自小市场的情况，但毕竟是极少数的特例。因此，瞄准高利润区也就是瞄准大市场。如果目标市场的目标受众很少，那么投资人就难有兴趣；只有足够规模的市场，资本才会认为值得进行商业运作。

在融资路演中的增长空间部分，路演者需要向观众（投资方）解答如下三个问题：

1. 目标市场空间有多大

当识别出目标用户的痛点后，还需要审视目标用户所代表的目标市场有多大规模，是否有足够大的空间允许自己的项目进来分一杯羹。因此，需要重点关注的是具有类似痛点的目标用户群体的情况，具体可分为两个方面：①从具体的拥有共同痛点的群体数量来标记市场空间规模；②能通过常规渠道接触到本融资项目产品或服务的真实用户人数。

2. 本行业近期增长率是多少

融资企业不仅要关注融资项目所在行业的目标市场是否足够大，还要关注目标市场未来几年是否有可观的增长。因为只是当下体量大，并不能说明真实的市场空间，而且市场是在不断变化的，今天可能还有很大空间，明天就可能突然杀出个"程咬金"，市场空间就被挤满了。因此，如果没有进一步增长的空间，那就说明市场缺乏持续成长的动力，极容易导致市场饱和而使项目失去扩展的可能，甚至直接失去生存空间。

任何市场都呈现"空缺—填补—填满—饱和—过剩"的趋势，懂得市场运行规律的企业经营者，会善于把控市场的规律，会选择在空缺时进入，在填满时变道，在饱和时完全撤离。

3. 融资项目所在市场的存量有多少

乍看起来，市场存量好像和市场体量类似，也可以将二者捆绑起来，但二者的关注点是不同的。市场体量是整体市场需要满足的目标用户数和未来继续出现的需要满足的目标用户数，市场存量则是还有多少未被满足的目标用户数。

这项数据非常重要，因为它很可能关系着融资项目产品或服务的有效用户数。事实上，只有把市场中已被满足和未被满足的人群区分开，才能发现项目确切的目标用户数。

为了更好地在融资路演中呈现增长空间，建议遵循以下四个原则：

（1）痛点基数原则。提炼出具有相同或相似痛点的相关目标用户用以推断目标用户数，而非简单地从人口基数上进行推断。

（2）未来增长原则。融资路演中所列举的数据最好能反映出未来的增长趋势，要么运用统计分析中对于未来趋势预测的方法，让投资方看到未来可能的增长空间；要么通过与标杆企业的数据做对比，由此反映可能的发展趋势。

（3）存量空间原则。融资路演中所列举的数据应该尽量反映出存量空间，即反映出未被满足需要的目标用户群，而非仅仅给出产品或服务针对的目标用户群的体量。

（4）趋势增长原则。在融资路演的表达形式上，呈现的方式应采取由低到高逐渐递增的方式，即在陈列数据时应符合人们的认知习惯——由低到高排列。

盈利模式：描绘让资本无法放弃的未来场景

项目如何实现盈利，不仅是项目执行方最关注的问题，也是那些潜在的为项目投资的资本最关注的问题。毕竟投资的核心就是为了赚钱，如果融资项目不能为资本描绘出一幅无法放弃的未来场景，资本可能只是在门外转一圈就转身离开了。

在融资路演中的盈利模式部分，路演者需要向观众（投资方）解答三个问题，具体如下。

问题1：盈利模式是什么？

盈利模式，可以通俗地将其解释为赚钱方法，是在一段较长的时间内稳定维持，并能为融资项目带来稳定利润的方法。

为了更好地回答这一问题，融资企业需要先弄清楚自己的项目究竟是如何赚钱的。一般常见的盈利模式有三种，具体如下。

（1）产品盈利模式。通过生产特定的有形产品，并出售给用户的一种盈利模式。

（2）服务盈利模式。非实体的、无形的一种行为或过程，通过用户消费过程产生的盈利模式。

（3）产业互动盈利模式。产品使用者在不同的企业或行业中流水消费的，产业的上下游业务链之间有不同的控制能力，减少中间环节，提升竞争优势的盈利模式。

问题2：如何快速增加用户？

在关于融资企业应如何拓展市场和占领市场的问题上，许多路演者都只说项目做大了如何赚钱，因为的确看到了用户痛点和市场规模，但却说不清楚如何能够将项目做大。恰恰是这说不清楚的部分是投资方最想听到的内容，因为只有明确说出针对用户痛点的解决方案，产品或服务才有机会获得目标用户的认可，并逐渐增加用户。

一般国内市场拓展模式分为三种，具体如下。

（1）内部开发模式。由融资企业把产品推向目标市场，可以通过设立中间商、设置区域办事处、成立销售分支机构的三级模式展开。因为投入资本较大，开发速度较慢，因此风险也较大。但企业因为能够直接面对市场，有助于快速且全面地了解其所处市场的情况和特点，所以对市场的变化能够快速反应。

（2）合并和收购模式。融资企业和相关联的其他企业进行重组或收购，利用各企业现有资源优势将产品或服务快速推向市场。在市场占有率相对稳定的情况下，融资企业想进入一个新的市场是非常困难的，若是能够采用合并和收购模式进入市场，就能降低竞争性对抗。

（3）联合开发和战略联盟。企业之间通过合作的方式，利用各自的技术优势、原材料优势、资源优势、管理优势、模式优势等进行联合开发或结成联盟关系，将产品快速推向市场。具体分为特许经营、许可经营和分包三种方式。

问题3：盈利模式是否可以延伸？

融资不是一锤子买卖，不是只要拿到投资就OK的，而是一种长期性合作关系。因此，融资企业经营者不仅要明确融资项目当下的盈利模式，还要明确思考项目在发展过程中是否有新的收入增长点。这就要求企业在融资路演也要将项目新的收入增长点告知投资方。

通常收入延伸有三种模式，具体如下。

（1）平行延伸。随着融资项目的拓展，可以衍生出不同的功能特性，他们可以横跨不同领域获得收益。例如，一些互联网项目在初期"圈地"扩容，发展到一定程度开始引入广告，当平台足够大时再收取会员费。

（2）纵深延伸。融资项目的核心产品或服务通过不断升级迭代，带来相关的收入延伸。例如，某养车App在推出1.0版本时，只是一个养车管家；在推出2.0版本时，可用移动互联网理念改造传统修车服务；在推出3.0版本时，就打造出一整条产业链，形成了B2B2C的经营模式。

（3）漫射延伸。即围绕核心展开的呈发散性延伸，是指一个产品或服务在某单点领域试用成功后，可以复制到其他领域，从而增加收益。例如，在"环保性水性可移压敏胶的产业化"项目路演中，介绍了一种无毒、无害的黏胶，属于专利产品，主要应用于数码广告，但路演者介绍该产品也可以用于室内装潢、数码打印等多个用胶领域。

为了更好地在融资路演中呈现盈利模式，建议遵循以下两个原则：

（1）变现价值原则。融资企业创始人不要一厢情愿地认为只要自己的项目好，就一定可以赚钱。特别是一些专利项目，创始人的底气往往会更足。殊不知，"酒香不怕巷子深"的时代过去了，酒再香也需要好的运营规划让其传出去并得到广泛认可，这样才能让好项目变成赚钱的项目。

（2）单点发力原则。融资项目初创期，因为资源有限，应该先瞄准一个市场，即单点作为"试验田"，待这个市场做好后再向相关领域进行平行、纵深或漫射推进。

内部管理：让世界因你而改变

内部管理，即企业内部的管理，管理的对象是企业的创始团队、经营团队、运营团队。其实，在融资企业中，这三类团队往往就是一类团队。管理的目的是统一大家的目标，通过统一目标，进而统一价值观。管理的目标是让团队成为一支能够在任何情况下都能完成任务的强硬团队，只有综合能力过硬的团队才能在激烈的市场竞争中带领企业占有一席之地，也才有机会在市场上拥有发言权，甚至拥有决定权。

进行内部管理，不是要把人管成听话的乖孩子，而是要管成拥有"让世界因我而改变"的勇气的强者。要做到这一点是非常不易的，需要付出很多努力，克服许多困难。但投资方却必须看到融资企业内部拥有这样的团队，才能放心地将资金投入进来。这种做法可以理解，毕竟投资方投入的是真金白银，谁都不希望还未真正经营就已经输了。只有强者才敢于直面竞争，也擅于竞争，能引领企业在竞争中不断壮大。

因此，在融资路演中的内部管理部分，路演者需要向观众（投资方）解答三个问题，具体如下。

1. 企业内部核心团队的成员有哪些

此问题是要搞清楚：如果这是一个很好的机会，为什么是由这个团队来做，为什么不是其他团队？为什么只有这个团队能够做好，其他团队却做不好？

融资路演不是"王婆卖瓜，自卖自夸"的秀场，解释这个问题不可以只靠自信和吹牛，需要有切实的理由。可以分为以下四步进行：

首先，交代清楚团队的领头人是谁。他有什么个人特点，是有资源，有技术，有能力，还是有其他什么足以能将这件事做成的决定性因素。

其次，交代清楚团队成员是否有相关业务经历。这一点非常重要，体现着团队的综合能力，如果有的成员曾在融资项目领域有十几年的从业经历，那么意味着他很可能积累了丰富的行业人脉资源和处理业务问题的能力。

再次，交代清楚团队成员在业务领域中所处的地位。这是很容易被忽视的一项，或者即便想到了也要带着抬高身价的心理讲述。其实完全没有必要，如实陈述即可。例如，某项目团队中有高校教授，对于产品创新是非常宝贵的资源。

最后，交代清楚团队成员之间是否搭配合理。主要指业务领域、个人能力、职业特长等匹配情况。很多融资企业的创始团队都只注重个人经历，认为只要都是重量级大佬就一定能无往而不利，但却因为搭配不合理，导致合作进行不下去。

2. 内部核心团队之外的核心成员有哪些

融资企业除了要搭配好内部核心团队以外，还要注意一些非内部的特殊人群，如技术顾问、管理顾问、重要股东、律师、审计师、会计师等。这些人会影响融资项目可能获得的资源与支持，因为资本都愿意看到融资项目的执行团队是强大的团体，不仅内部实力强悍，外部也同样给力。因此，如果某融资项目团队本身就极具战斗力，再拥有过硬的外部资源，必然会增强投资方的投资信心。

3. 团队成员都有怎样的经验和资源

这个问题貌似和"问题1"中的"再次"项有些相似，但前者只是粗略带过，这里需要详细阐述。

除了能力这个必需要素以外，核心团队成员的经验和资源，决定了成员在项目中的身份角色。投资方非常关心一个项目所聚集起来的是怎样的一群人，这需要靠成员所具备的经验和资源来回答。因此，路演者要集中向投资方展示并证明团队能够胜任融资项目角色的有利事实。

为了更好地在融资路演中呈现内部管理，建议遵循以下三个原则：

（1）重点展示原则。融资路演展示团队成员时，如果成员人数较少，可以都展示出来，如果团队人数较多，就没必要全部展示了，可根据需要罗列出有说服力的成员即可。

（2）相关展示原则。展示团队成员的个人信息时，不要像写简历那样全部列出，而是展示每名团队成员与融资项目相关的主要经历与成就即可。

（3）事实说话原则。展示团队成员的个人信息时，用事实说话比堆砌华丽辞藻更有说服力，可以让投资方更清晰地判断其能力和实力。

执行计划：资本与公司核心有机结合

很多融资企业经营者将融资路演当作参加一场"宴会"，自己陈述需要融资的事实，投资方选择想要投资的项目，双方一拍即合，达成协议，就一切圆满了。

其实，对于融资方而言，融到资金只是整个融资过程的开始；对于投资方而言，投入资金也只是整个投资过程的开始。融资后如何使用资金，具体的实施计划如何，融资方需要让投资方明白，且在未来的经营过程中，在外界环境没有大变化的情况下，严格按照计划执行，确保将企业带向融资时预期的收益之路。

因此，在融资路演中的执行计划部分，路演者需要向观众（投资方）回答三个问题，具体如下。

问题1：融资项目现在做到了什么程度？

很多融资企业在进行融资路演时，都会说"融资项目已经做了前期的设计和规划"，但具体是怎么设计的，如何规划的，却说不清楚。在产品迭代、用户数据和财务情况方面也没有明确的交代。在投资方看来，这种犹如"粗制滥造"的项目都是不值得关注的，就更谈不上投资了。

项目融资，"不怕慢，就怕站"，让想法落地是需要过程的，而这个过程需要让投资方切切实实地看到。例如，某融资项目在路演时说明了项目已经部署了资源架构和用户储备，下一步是需要资金支持以正式启动运营。

问题2：融资项目的下一阶段的目标是什么？

融资项目必须向投资方说明，如果能够实现此次融资，那么接下来会发生什么。或者是产品更新，或者是用户拓展，或者是市场运营等，下一步的目标越清晰具体，越有助于让投资方看到项目的前景。

但必须注意，这个下一阶段的目标必须是真实有效的，是基于实际情况基础上的数据推导出的结果，能够反映融资项目团队的洞察力、预见性和对市场的掌控力。

问题3：融资项目达成目标的措施是什么？

企业进行项目融资的目的，绝对不是融到资金，这只是一个小里程碑。融资项目需要明确设定短期目标和长期目标。在融资路演时，路演者不仅要逻辑流畅、实事求是地展示项目的愿景，还要拿出实现愿景的具体策略和方案，以克服实现过程中的各种困难。

实现愿景和克服困难的过程，反映了融资项目团队的整体能力，包括技术掌控、整合人脉、驾驭资源、统筹管理等。

为了更好地在融资路演中呈现执行计划，建议遵循以下三个原则：

（1）目标合理原则。融资路演中所陈述的项目目标应该是切实可行的，尤其是中短期目标，长期目标可根据所在行业做出一些"不切实际"的目标，但也要具备说服力，而不是单纯地天马行空。

（2）展现进展原则。在融资项目的计划执行过程中，需要展示一定的进展情况，目的是通过前期所做的一些扎实的铺垫性工作，让投资方看到项目的前景，从而对项目产生信心。

（3）讲明逻辑原则。在演绎融资项目执行计划的实现策略与路径时，路演者要讲明策略产生的逻辑。正常情况下，融资项目团队在构思和实现目标的策略与路径时，都会按照一定的逻辑进行推导，如果投资方能够接受这个逻辑，就会更容易接受项目的目标和实现策略。

融资方案：让资本带企业一起飞

在融资路演中阐述融资方案，通常是整个路演的最后一个环节。所谓"编筐编篓，全在收口"，如果这一步进行得不好，那么即使前期工作进行得再好，融资计划也很难实现。

投资方既在意融资项目自身的实际情况，也在乎融资团队的实力情况，还在乎融资方对于融资的方案规划。也就是说，融资路演方阐述融资方案，等于向投资方抛出了希望合作的橄榄枝，但投资方愿不愿意接，融资方给出的融资方案是很关键的因素。

融资方案一般比较简单，就是基于前期的融资项目分析提出融资项目团队的融资构想。如果投资方认可了融资方的融资方案，就会愿意投资，那么投融双方就会结成一体，资本带企业一起飞的理想就实现了。

在融资路演中的融资方案部分，路演者需要向观众（投资方）解答三个问题，具体如下。

问题1：计划融资多少金额？

融资方给出的融资额度，实际上蕴含着对企业和项目的估值，以及对实现项目目标可能需要资金数额的判断。

融资企业给出的融资额度不能离谱，不能把零碎开支全包进去，要秉持一个原则，即投资方只是融资方的合作伙伴，不是融资方的"全职保姆"。

融资企业给出的融资额度要符合项目本身的规模和"钱途"，有的项目路演融资额度几百万元，有的几千万元、几亿元，只要是切合实际的都是可以的，关键要让投资方看到融资方要做多大的事，以及看到融资方有做成功这件事的可能和潜质。因此，要在合理的项目估值和预期收益平衡的基础上，报出期望的融资额度。

问题2：计划出让多少股份？

投资不是做慈善，投资方需要得到回报。但何时能得到回报，往往无法确定，具体能回报多少，也无法确定。为了让投资方的资金顺利到位，融资方需要让渡一定的股权，以换取资金。

一般情况下，所需的融资额度越大，融资企业所要出让的股权份额也越多。但也有例外，就是投资方极度看好融资项目，为了不让"到嘴的肥肉滑落"，有时会降低股权要求。但无论如何，现代融资基本都离不开股权出让。

对于投资方而言，需要判断以投资换得的股权份额是否值得；对于融资方而言，则要考虑通过股权换得资金后的股权稀释问题。通常，融资需要经过天使轮、A轮、B轮、C轮、D轮……作为融资企业创始人和项目发起人，一定要有长远发展规划，每一轮融资既要融到预期金额，也要降低股权稀释；既让项目能不断吸引优质资源，又能掌控对企业的控制权。

问题3：计划如何使用这笔资金？

很多融资企业在融资前进行了很多准备，但在融资后却不做任何规划，表现出一副"反正有钱了，先花为敬"的姿态。这种对资本的不敬畏，不仅会影响企业的经营发展，也会影响后续融资，毕竟没有人愿意拿自己的钱让别人去潇洒。因此，作为融资企业经营者一定要认真计划如何使用好融得的资金，无论资金多少，都要详细规划。

只有融得资金的去向合理，并对融资项目的成长起到了关键支撑作用，才能称得上是一次有效融资。融资路演中的资金使用规划，越详细具体，越会让投资方觉得靠谱，越有可能引来其他投资方。

为了更好地在融资路演中呈现融资方案，建议遵循以下两个原则：

（1）价值匹配原则。切忌出现融资额度与项目价值不匹配的情况，因此不要狮子大张口，也不要不切实际。

（2）目标相符原则。融资额度与融资项目的预计达成目标需要相符合，因此资金用途要考虑全面，让每一分钱都花得值得。

第八章
融资谈判撬动资本杠杆

　　任何一笔成功的交易,都要靠谈判来达成,融资谈判也是如此。融资谈判会涉及融资的条件、融资的成本、支付的方法、担保的范围等工作。

　　融资是不断总结经验,不断修正不足的过程。融资时,融资方所面对的投资方并不一样,更多时候会同时面对多个投资方,他们的资本背景、知识结构、投资偏好、投资形式等都不一样,因此,他们所关心的问题及提问方式也不相同。所以,融资谈判是极具难度的,融资方所要经受的考验很大,如果不能增强自身的谈判能力,就很难在谈判中达到预期目标。

　　正因如此,建议融资企业在进行融资谈判之前必须精进谈判能力,从准备工作开始,做足所有功课,打赢融资谈判这一仗,用实力撬动资本杠杆。

谈判前的准备工作

从投资方看到融资企业的 BP 到最终达成投资意向,一般需要一个月到一年的时间,最常见的周期是 3～6 个月。融资谈判的准备工作做得越充分、越专业、越经得起推敲,融资目标达成的进程就会越快。

1. 投递介绍资料

融资企业做好 BP 后,接下来就是与投资方接触洽谈了。融资企业经营者要将 BP 或项目摘要发送给几家合适的潜在投资方,通常在一个星期到一个月内收到反馈,反馈信息基本为四种,具体如下。

第一种,拒绝——或者是明确的拒绝邮件,或者长时间没有消息的拒绝。

第二种,提问——投资方对融资企业有点兴趣,提出一些问题以了解一些必要的信息。

第三种,资料——投资方对融资企业较有兴趣,会索取详细信息以确定是否约期面谈。

第四种,面谈——投资方对融资企业非常感兴趣,跳过前两步,直接约定时间面谈。

不论是上述哪一种情况,融资企业需要根据投资方的反馈意见,要么对商业计划书加以修改，要么对团队实力进行加强，要么做更深入的市场调查……

2. 面谈前的准备

如果投资方对融资企业的项目感兴趣，该融资企业就要为第一次正式会面做好准备。融资企业经营者一定要对准备工作予以充分重视，这样会面时才能更好地推销企业的商业计划，打动投资人。面谈前的准备可以分为三个环节，具体如下。

环节一，了解要会面的投资方。

融资企业经营者要利用各种渠道了解将要会面的投资方及代表信息。可以打电话给与投资方打过交道的人，可以到投资方的网站看一看有关他们的新闻。有可能的话，可以了解投资方重要人物的个人情况。

预先了解投资方以前投资过的项目及其目前投资项目的组合，只有充分了解对方，才能掌握协商和讨价还价的筹码。

环节二，再次熟悉 BP。

所谓"临阵磨枪，不快也光"，在与投资方接洽之前，融资企业经营者必须再检查一遍准备好的 BP 与项目摘要，必须做到对商业计划书了然于胸，这样才能在面谈时做到游刃有余。

哪怕是距离面谈的时间非常紧急，如果发现 BP 对于市场变化和业务进展的应对有不足之处，也应及时作出补充。没有时间详写，可以简单概述，用笔写出来可以增加记忆深度，如果在面谈时涉及相关内容，可以更从容地应对。

但是，不建议将临时补充写在 BP 上，那样会造成 BP 的不美观，可以写在私人笔记、便笺纸或者手机里。

环节三，带动团队其他成员。

融资过程中，融资企业创始人不仅要保证自己对商业计划充分了解，也要带动并保证核心团队成员都能充分了解企业的商业计划，并能在必要之时有说服力地陈述其中思想。

一群人的强大远比一个人的强大更具震撼力，如果投资方看到一个团队都极具商业能力，投资信心会大幅提高。

3. 幻灯片准备与演示

一个精心准备的幻灯片演示可以帮助融资企业经营者清晰描述口头语言难以表达的内容，加深投资方对融资项目的印象。

幻灯片演示文件的主要内容可分为六个部分：

（1）市场机会。包括现有市场规模和未来增长潜力。

（2）提供解决方案。包括描述产品和服务，以及企业的定位和所采用的核心技术。

（3）分析需求和对手。包括分析潜在用户与需求，分析市场空间及竞争对手。

（4）讲述如何达到目的。包括行销策略、合作伙伴和竞争优势。

（5）介绍管理团队。重点说明为什么这个商业机会能够由我们来实现？

（6）讲述资金需求和盈利预测。包括为什么需要这么多资金？何时能实现盈亏平衡？

幻灯片演示文件的准备技巧包括三个关键点：

（1）脉络清晰、文字精练、重点突出。切记不要把商业计划书中的整段文字复制到幻灯片上。

（2）多使用数字、表格和图片。选用的图片要能吸引眼球，但又不能太花哨，可在关键处加入一小段录像。

（3）根据演示时间设计幻灯片内容和页数。20分钟的演示时间，以10～16页为宜；10分钟演示时间，可以减少幻灯片页数或者缩减每张幻灯片信息的内容。

投资者关注什么

作为创业者必须知道，真正能拿到投资的融资项目非常少，基本不超过5%。因此，若想提升融资成功率，在寻找投资之前，必须做到知己知彼，一方面梳理好自己的优劣势，另一方面了解投资方的关注点。投资方关注的有共同关注的，即所有投资方都会关注的，也有单独关注的，即某投资方自身关注的。本节阐述所有投资方都会关注的，因为单独关注的需要结合投资行业、投资偏好、投资策略等方面具体分析。

1. 股权：是否与出资挂钩

融资方需要融得多少钱，愿意出让多少股份，直接关系到投资方要投多少钱，能够获得多少股份，因此投资方所得股权数量与出资额挂钩。

确定了融资金额后，再确定融资企业的估值，能计算出融资企业需要出让的股份数量，同时也能计算出投资方能够获得的股权数量和持股比例。

例如，某公司预计融资200万元，投前估值是600万元，则投后估值变为800万元，即该公司的净价值是800万元，投资人占有25%的股份。

因为投资额与股权比例挂钩，在投资条款中都会写明："公司设立完成后，投资人以人民币××万元的投资后估值，对公司投资××万元进行溢价增资。增资完成后，公司注册资本增加为××万元，投资人取得增资完成后公司××%的股权。"

之所以要明确投前估值和投后估值，一方面是因为有法律规定，另一方面是因为现实中二者很容易混淆。比如投资方说："我方对贵公司的估值是2000万元，拟投资500万元。"要如何判断投资方所说的2000万元是投前估值还是投后估值呢？

可能投资方的2000万元是投后估值，500万元买下的是投后价值2000万元的公司的25%股份；但融资方理解的2000万元是投前估值，500万元买下的是投后价值2500万元的公司的20%股份。双方都按照有利于自己的方向理解同一句话，因此，一定要明确企业估值和投资方所获得的股权比例。

2. 收益：制定分配制度

将融资企业实现的净利润按照一定的形式和顺序在经营者和投资者之间进行分配。企业的收益分配制度包括三个方面（具体可参见"第五章——回报收益：保证投融资双方的共同利益"小节中的"收益分配"相关内容）：

（1）每年可供分配的收益来源项目和金额。主要包括本年度实现的净利润、年初未分配利润、盈余公积转入。

（2）每年收益分配的方向和具体方案。根据《中华人民共和国公司法》相关规定，有限责任公司和股份有限公司当前收益应按照固定顺序进行分配。绝对不能颠倒固定顺序进行分配。

（3）每年末企业的未分配利润。本年未分配利润加上上期未分配利润的合计数，即为本期末未分配利润累积数。

3. 退出：可供选择的方式

投资方获利的根本来源是资本的流动性，在资本循环的过程中实现增值。退出机制就是实现资本流动的有效途径，因此，投资方在进行投资之前都会非常关注拟融资企业制定了怎样的退出机制，只有在清楚看到资本运作的出口之后，投资才会变成可能。

一般情况下，融资企业会为投资方制定三种退出方式，具体如下。

（1）上市退出。这种退出方式的回报率最高，也是投资方和融资企业都会努力实现的方式。如果融资企业达到了上市标准，且也有意上市，需要制订完善的上市计划。

（2）股权转让退出。随着融资企业不断发展，企业估值会不断提高，对应的股权价值也会不断提高。如果现有投资方不想或无力再为企业投资，可以选择持股不动，也可以选择转股退出。为了确保投资方能够成功转让股份实现退出，融资企业需要提前制定完善的股份转让流程。

（3）回购退出。投资方通过股份回购的方式退出，获得的收益会比较低，因此，该方式通常为备用选择。

真正重要的是什么

说到融资，很多人首先想到的是钱，融资的最重要目的就是拿到投资。

这样理解对不对呢？反正不能说是错误的，毕竟融资就是为了搞钱，不然谁会费心费力地去做这件事呢！但是，融资是不是只有获得钱这一个目的呢？当然不是。融资过程如同对企业的一次大考，只有各方面都足够优秀，才能通过考试。

理解融资就像理解上市一样。很多企业经营者将上市看作"圈钱"行为，认为经营企业的最终目的就是上市，那样财源就滚滚而来了。不可否认，企业上市后的确可以更容易地获得大量资金，但是企业能够获得上市的资格是更为关键的，只有符合所有法律法规和经营规范后，企业才有机会上市。很多企业为了达到上市的目的，不得不一轮又一轮地修正改造企业，逐渐将企业的"草头王"风气割除掉，成为一家具有现代化经营管理意识的现代化企业。

在企业达成上市目的之后，再回头看企业在这个过程中的一系列变化，可以看到，原本的上市目的（发行股票，获得资金）已经不再是具有现代化经营意识的企业所追求的了，企业的经营管理从内而外上升了多个层次，经营目标也更加具有社会价值，对社会的正面影响逐渐增强。

同理，融资也是企业逐渐自我革新和升级的过程。毕竟要获得投资方的青睐，融资企业需要进行一些自我调整，割除弊端，弥补不足，让自己成为一个除了资金不够充足，其他各方面都值得称道的有前景的企业。正因如此，企业在面对融资时，才不能只将目标盯在"钱"上，而是要更加关注对于获得融资能起到关键作用的其他方面，待到企业真正具备了能够获得融资的资格后，融到资金就成了顺理成章的事情。

但是，很多企业管理者在带领企业寻找融资时，却恰恰执着于对"钱"的执迷，导致不愿用商业谈判所应有的思维模式，而是以搞钱的思维模式进行谈判。

例如，某公司新创半年多，正在研发一款新科技降温功能的摩托头盔，项目虽然不是特别新颖，但因为融合了新科技，所以前景不错。但在与投资方谈判时，该公司创始人始终以"就应当这样，这就是未来科技"或者"必须这样，这就是市场规则"的说法试图让对手保持沉默。这样的谈判方式就像父母对自己说的"我是你爹妈，这是我说的"一个道理，这种初级谈判方式自然不会得到投资方的认可。

很多在融资圈里多年的投资家，已经习惯了融资方的上述论调，因此不会感觉沮丧，只是不予继续理会就可以了。

记住，市场化的条款并不是采取一种谈判立场的全部理由，而是要让投资方明白为什么这个市场规则必须遵守。

例如，某科技公司成立不到一年，主营以研发植发技术为主，结合新科技将植发行业从美妆领域代入科技领域。该公司在向投资方介绍已方产品时，没有急于说明己方产品是符合市场发展规律的，因此"你们必须认可"；而是从科技发展的层面引出自己所运用的科技，并逐渐推进至该企业运用该科技所取得的一些成果，以及这些成果在未来的价值。让投资方能够产生清晰的科技与价值间的链条，能够主动认可融资方的科技成果。

两家公司从规模、成立年限、经营状态和对科技的依赖程度方面有很多相似之处，看起来好像前一个研发降温功能摩托头盔的公司更有前景一些，但因为融资思维不正确，未能真正知道公司需要的是什么，导致谈判过于生硬，失去了融资机会。相比较后一家植发公司的前景更模糊一些，但因为谈判技巧高超，最终获得了预期投资。

只要明白真正需要什么，就会更有目的性，也就能脱离只为"钱"而谈判的低级思维。融资企业经营者应该更加关注一些看起来不重要，实则对融资进程和企业发展有着不可估量影响的一些方面。下面，总结出融资谈判过程中真正需要的三条规则：

（1）争取公平有利的结果。融资是一场交易活动，是公平合理的，投融资双方都有选择权，因此，即便在寻求资金的"不利"条件下，融资企业也不能以丧失公平为代价来换取资金，那样等于得到了当下，却失去了未来。

（2）不要为结果而伤害了个人关系。投融资双方是为了企业利益在进行谈判，不是为了个人恩怨在打嘴仗，所以维护企业利益不应以损害个人关系为代价。

（3）了解想达成的交易。不要因为急于得到资金就忽视了对交易结果的判断，融资企业经营者必须时刻保持警惕，认真思考投资方开出的条件，将可能达成的交易做全面了解后，再确定是否实现交易。

融资成功只能算是双方合作关系的开始，而且只是合作关系的一小部分。共同打造项目，同时保持有建设性的良好关系才是真正重要的。在投融资全过程中，一个好的起点应该是让双方都觉得自己得到了公平的结果，并为能与对方合作感到荣幸。

融资谈判需要注意的问题

融资企业与投资方进行融资谈判时，会有一些务必涉及的关键问题，每一个都必须作出正确的应对，才能让谈判继续下去，也才可能获得投资。下面，将这些问题中的重点进行总结，具体如下。

1. 融资架构

当融资谈判进行了几轮后，而且在相谈甚欢的情况下，融资企业经营者往往会觉得此次融资基本成功了。其实，并非如此，只要投资方没有列出 TS（投资条款清单），这次融资谈判就还远未结束，甚至随时可能画上休止符。

投资方从对融资项目产生兴趣到最后投资的中间环节，TS 具有承上启下的关键作用。只有投资方给出了一份 TS，才意味着投资方具有投资意向，但也仅限于意向。在投资方释放出投资信号后，投融资双方需要共同搭建 TS 框架，即对核心条款进行讨论，建立共同认知。

因为 TS 不像投资协议一样具有法律效力，因此即便投融资双方签订投资框架协议后，仍可以在后续签订投资协议时对其中的条款进行修改。

投资方对于投资协议框架的修改多源自尽职调查的结果，投资方出于对风险规避的考虑，可能增添一些风险保护条款，或者直接提出增加占股比例或减少投资金额。在此建议融资企业经营者，面对投资方的条款修改，如果不是实质性难以接受的，在资金打入账户之前不要拒绝。双方可以坐下来继续洽谈，直至达成协议。

也有一种可能，投资方在尽职调查完毕后，非常看好融资项目，希望增加投资额，但相应地也要求得到更多的股权占比。此时，融资企业不能照单全收，要视具体情况而定。

2. 估值问题

如果投资方对融资项目感兴趣，一定会涉及融资企业的估值问题。融资企业必须做出合理估值，才能吸引投资方。企业估值通常需要关注以下几个方面：

（1）用户数量。如果融资企业能在短时间内获得大量目标用户，说明企业具有发展潜力，估值会增加；反之，则说明企业的发展潜力不足，估值应降低。

（2）创始团队。融资企业包括创始人在内的全体创始团队成员，他们是企业的驱动力，如果整体综合实力很强，则会拉升企业估值。

（3）所在行业。如果融资企业的所在行业是新兴的、正在蓬勃发展的，会极大拉升企业估值。例如，高新科技行业企业的估值要比餐饮行业企业的估值高很多，高科技行业的估值一般为年营业额的 5～10 倍，而餐饮行业的估值则是总资产的 3～4 倍。

（4）孵化器。有些企业是通过"孵化器"创立起来的，整个创业过程会得到专业性指导，其获得的资源也比一般企业多，因此估值也会更高一些。

（5）实物资产。相对于发展期和成熟期的企业，初创期企业的实物资产不多，很容易被忽视，但只要是属于企业的，就可以在估值时折算进去。

（6）知识产权。企业拥有的专利权、著作权等也是资产的一部分，都能为企业估值增加砝码。

3. 独家谈判期

有的融资企业会同时吸引多家投资方的关注，可能会得到多家投资方发来的 TS，在拥有选择机会的情况下，融资企业一定会待价而沽，做些对比才能作出选择。

为了防止融资企业在多家投资方之间来回抬价，投资方往往会与融资企业约定独家谈判期，即在某个时间段内，融资企业只能与一家投资方谈判。融资企业可以不接受这样的约定，但如果某一投资方提出很多有吸引力的价格及条件时，融资企业完全可以考虑与其约定独家谈判期。

如果融资企业与投资方约定了独家谈判期，那就必须掌握一些要点，避免遭受不必要的损失和限制。

（1）独家谈判期的时间不宜过长。

（2）独家谈判期内争取与第三方继续讨论。

（3）如果出现第三方提出的更合适的价格和条件，融资企业有权停止此次谈判。

4. 对赌条款

对赌条件在融资过程中很常见，大部分经历过多轮融资的企业经营者都很了解这个条款，要想在融资过程中做到一点不对赌，基本上不可能。毕竟投资方需要设定一定的门槛限制，以最大限度保障自身利益。而且，如果对赌协议顺利实现，不仅投资方会受益，对融资企业而言将是更大的收益。

对赌的条件有很多，如对赌业绩（以年限为条件）、对赌估值（或者以年限为条件，或者以数额为条件）、对赌上市（一般以年限为条件）等。

对赌的结果有两种形式，一是赌股份，二是赌资金。前者是在投资金额不变的情况下，股份有所增加；后者是在投资方的股份不变的情况下，要求融资方连本带利退回一部分资金。

依据相关法律法规，股东与企业的对赌无效，股东之间的对赌有效。如果无法完成对赌目标，则由股东承担偿还责任。

5. 保护性条款

基本上所有投资方都有设置保护性条款来保障自身权益不受侵害。保护性条款一般会列出一系列涉及企业运营的重大事项，当这些事项发生时，融资企业经营者必须征求投资方的意见。

因此，投资方一般会派驻代表（具体人数投融资双方谈判确定）进入融资企业的管理层（董事会），且该代表拥有投票权。

融资企业可以接受投资方提出的保护性条款，但具体内容需要协商，不能只以投资方的要求为主。例如，对于一票否决权的设定，可以限定投资方只能在特定事项上（如对投资方利益有重大损害的事项）使用一票否决权。

应对投资方可能提出的特殊权利

在融资谈判的过程中，投融资双方都会想尽办法为己方争取更多权益。尤其是投资方，作为更具有主动权的一方，可能会向融资方提出一些特殊权利的要求，融资方应如何应对呢？

1. 派驻董事

为了保护己方利益，投资方会在投资之前要求进入融资企业董事会，以获得对融资企业重要经营权的投票权。

根据《中华人民共和国公司法》的规定，有限责任公司的董事会成员为3~13人，股份有限公司的董事会成员为5~19人。董事会成员通常为单数，以防止陷于投票僵局。

由于后续融资会陆续带来新投资方，融资企业董事会成员人数会逐渐增加，建议在首轮融资后的董事会人数设定3~5人，且创始人应当拥有最多份额的股权。例如，创始人持有融资企业约60%的股份，且投资方只有1个时，董事会的组织机构构成应是2个普通股股东+1个投资

方 =3 名董事会成员。

2. 优先购股权

融资条款中关于优先购股权（也称为优先受让权）的规定有两种：

（1）融资企业经营者为防止股份被稀释，规定投资方按持股比例参与优先认购。表述通常为："如公司未来进行增资（向员工发行的期权和股份除外），投资人有权按其届时的持股比例购买该等股份。"

（2）融资完成后，投资方可享有优先购买全部或部分股份的权利，投资方放弃购买的，融资企业经营者才能向第三方融资。表述通常为："公司上市之前，股份持有者尚未向其他股份或优先股的已有股东发出邀约，则不得处分或向第三方转让其股份。根据优先购股或承股权，其他股东有优先购买待售股权的权利。"

3. 优先清算权

在触发清算条款的情况下，投资方有优先清算的权利。表述通常为："如果公司在上市之前，因为某些原因导致清算、转让核心资产或控制权变更，在股东可分配财产或转让价款总额中，投资人股东首先可以从中分配全部投资款，加上每年累积的、应该拿到单公司尚未支付的所有未分配利润的款项或等额资产。剩余部分由全体股东（包括投资人股东）按各自的持股比例进行分配。"

由此可知，投资方在融资企业发生清算时，会根据协议规定拿走两部分钱，一部分是连本带利的投资款；另一部分是按照持股比例分配的剩余资产。

4. 股份回购权

当出现下列情况时，投资方通常会要求融资企业的主要股东和现有股东部分或全部回购投资方所持的股份。

（1）融资企业出现主要股东将其股份全部转让或部分转让，而使其自身失去控股股东地位的或者辞去董事长、总经理等职务的。

（2）融资企业在规定的时间内实现净利润低于承诺利润的70%的或者企业不能完成其三年整体净利润业绩承诺的。

（3）从投资方出资到融资企业首次公开发行股票期间，企业出现违反工商、税务、环保、土地等相关法律法规且受到追究的，致使企业首次公开发行股票出现重大法律瑕疵而无法申报或申报时间延迟的。

（4）在投资方的资金到位后的规定时间内，投资方不能通过企业上市或并购退出的。

（5）从投资方出资到融资企业首次公开发行股票期间，企业出现主营业务重大变更的。

建立优势与达成一致

在融资过程中，融资企业经营者需要做一些事情来增加己方在谈判中的优势。获得优势的最有效途径是从多家投资方那里获得竞争性的条款清单。然而，同时与多家投资机构打交道需要一种微妙的平衡，要考虑时机和信息透明的问题，一旦出了差错，最后可能出现竹篮打水一场空的结果。

其实，这种同多家投资方获得竞争性条款，如同为企业融资铺设好B计划，甚至是C计划、D计划。融资是意向经营活动，不能只依靠一套计划就想达成目标，那种投融资双方一拍即合的情况是可遇而不可求的。正常情况是，融资方需要进行多轮谈判，才可能找到合适的投资方；投资方也要经过多轮谈判，才能遇到心仪的投资对象。

融资企业需要对所有潜在投资方保持适当的信息透明，毕竟投融资是商业行为，也谈不上什么保密可言。除非融资企业与投资方达成了独家谈判期，否则融资企业有权利同时与多家投资方展开谈判。让投资方明确知道还有其他投资方也对这个融资项目感兴趣，能够帮助融资企业加快谈判的进程和争取更好的谈判效果。

下面就来具体说说，如何在与多家投资方谈判时建立优势与达成一致。

（1）时机问题。如果融资企业经营者希望每个投资方在大致相当的时间内出具一份条款清单，这是非常有挑战性的事情，因为投资方的进度往往不容易把控。但若是能够做到在适当的时候减缓一方的进度，又可以利用手上现有的投资条款加快另一方的进度，这样就等于在融资过程中占据了主导地位。

（2）信息透明。对所有潜在投资方保持适当的信息透明是必要的，但也要保留一些信息，如正在进行谈判的其他投资人的名字或者已经拿到手的投资条款清单，前者可以避免两家投资机构背后沟通甚至结盟，后者可以防止其他投资机构了解投资进程。

（3）争取主动。如果只有一家投资机构具有投资意向，融资企业也不要因为怕失去"独苗"而完全交出谈判主动权。经营者可以通过锁定某些特定条款帮助自己建立优势，即针对一些条款，明确陈述自己的要求，坚持自己的立场。只要坚持的立场合情合理，同时又能适当保留谈判的灵活性，并愿意在一些次要问题上做出一些让步，投融资双方的谈判进程就不会受影响。

（4）耐心等待。融资方在谈判的任何阶段都不要主动给投资方出具条款清单，尤其是附有价格的条款清单，因为自己标明的价格可能就是能得到的估值上限了。条款清单一定要投资方出具，融资方只须根据条款清单上出现的问题的先后顺序，制订谈判计划和策略。有经验的谈判者会试图一项一项地达成共识，以避免投资方从整体上把握谈判进程。

（5）先易后难。如果遇到暂时无法谈拢的条款问题，建议先放一放，从那些能够迅速达成共识的重要事项开始，投资方会因为谈判有进展而欣慰。越是艰难条款的谈判越要放在最后，当所有事项都达成一致时，只剩下一两项还未确定，投资方也会选择做出一些让步，以尽快促成投资意向。

合作性谈判与退出威胁

谈判，不是只要开始就一定要有结果，很多谈判不得不中途停止，原因是无法达成双赢，继续谈下去也没有意义。在实务操作中，很多人并不认可退出止损的做法，觉得已经投入了大量的时间和精力，甚至是情感，还没谈出结果怎么能退出呢！但是，如果靠跌破底线而达成一致的话，这样的谈判即便谈成了，又有什么意义呢！

在任何谈判开始前，一定要认清己方整体的界限，以及每一个关键点的界限。如果已将底线设定，就会知道对方是否在试图越过这些界限。

在融资谈判过程中，融资方多数处于被动地位，一而再再而三跌破底线的局面经常出现。建议如果融资方发现自己被推到了一个不情愿涉足的区域，就要明确告诉对方交易是不可能的，然后离开。但在离开前要明确告知对方自己的底线是什么，如果你的立场坚决明确，对方又有交易兴趣，则双方可能在某个时间会重新回到谈判桌上。如果对方仍执意坚持越线条件，则谈判终止也并非坏事。

即便针对同一事项，谈判也会谈出很多种不同的结果，因为主导谈判的人是不同的，个人的谈判风格和谈判方法都将左右谈判的效果。因此，本节不能只讲述谈判需要以合作共赢为目的，如果达不到这一点就可以终止谈判，这样是不够全面的，因为不同的谈判风格和谈判技巧所作出合作性谈判与退出威胁都是不同的，所取得的效果也是不同的。下面，就针对谈判风格和谈判技巧的研究，进行详细解读。

每个人都有其特有的谈判风格，这是个性的一部分，会在处理冲突时集中体现。在谈判的世界里，多数人并未尝试过不同的谈判模式，但这并不意味着不能根据所处的情况采取不同的行为。只是大多数优秀的谈判者都了解最适合自己的方式，同时也知道如何顺承或抵御他人的风格，以及可能产生合作的最好方式。

1. "美国汽车工会"谈判者

这类谈判者的谈判方式带有强迫命令的意思，甚至有时还附带恃强威胁。他们也会奔着合作共赢的基础给出自己的条件，但通常不希望对方反驳，等于在说："我给出的价码已经很好了，充分考虑你方感受了，你必须答应，否则咱们的谈判就此终结。"

遭遇此类谈判对象，最好的方式不是"以暴制暴"，那样只会激化矛盾，也不要"顺从妥协"，而是保持冷静，不卑不亢，坚持己方主张。如果对方愿意接纳，就继续谈判，否则就只能宣告谈判结束了。

2. "二手车推销员"谈判者

这类谈判者的谈判方式总像是在兜售什么，面带微笑，逐条阐述自己的理由，目的就是让对方接受。如果对方表示拒绝，他们会表达出失望之情，且潜台词是："我都给出这价位了，你还拒绝，真不识时务。"

如果对方接受了，他们会表达出欣喜之情，但也会顺势提出更多要求。

遇到此类谈判对象，一定要直截了当，哪里不同意要直说，否则他们可能要谈上很长时间，就是要达到目的。

3．"口袋保护"谈判者

这类谈判者往往是技术行家，会将关注焦点落于细节上，他们会有很多的问题，难以判定什么才是真正重要的，因而会让对方感觉处在无穷无尽的细节"地狱"里。如果对方回答不出来，他们会在内心发出鄙夷："这样的事情都说不清楚，如何合作，何谈共赢。"

遇到此类谈判对象，必须确保自己能集中注意力，思路不被带走，时刻牢记自己关心的事项，其余事情能让步就让步，不能让步就回绝。并且确保所谈论的事情具有关联性，而不是孤立地截取其中的某一段。在关键时刻，也可以适当采取强硬措施，将对方从细节中拉回来，以推动事情的进展。

4．"全能战士"谈判者

这类谈判者具有天生冷静的才华，并且愿意花时间做准备，也知晓博弈中的所有要点，他们对自己的工作很有信心。他们参与谈判的目标非常明确，就是要达成利益最大化的合作共赢，因此也愿意做出适当让步。当这类谈判者产生了不想谈判的想法时，则基本上意味着谈判结束了，因为他们从不冲动做事，所做出的决定都是经过深思熟虑的。

遇到此类谈判对象，必须保证自己做足功课，让双方在势均力敌中建立对彼此的尊重，甚至是信任。如果未能做足功课，就会感受到来自对方强大的压力，想要达成协议的可能性非常小。

第九章
谨防股权稀释，增强资本耐受性

每家企业的股东拥有的股权份额都是不一样的，虽然股权设计都是在法律法规规定的框架内进行的，但这并不足以保证股权的所有。因为股权是可以被交易的，是能够拿来当作融资筹码的，所以在流通的过程中，股权就成了争夺企业控制权的主阵地。

尤其在企业融资时，企业引入外部资本迅速做大，投资方则拿到企业的部分股权成为新股东，即增资入股。随着一轮又一轮的资本入驻，融资企业创始人或创始团队持有的股份份额越来越低，对企业的控制力也越来越弱。很多企业在经营过程中之所以出现控制权问题，都是缘于创始人或创始团队股权被稀释。

因此，生意好做，伙计难搁。引入资本既是一门技术，也是一门艺术，融资企业经营者需要做到的不只是引入资本，还要增强资本的耐受性，让资本只做静默的获利者，不做抢班夺权者。

从天使轮到D轮的股权稀释演化过程

融资是投资方成为企业新股东的过程，也称为增资入股。增资入股与股权转让最大的不同在于受益人不同，股权转让属于股东套现获利，增资入股的受益对象为整个企业。投资方增资入股将同比减少原股东的股权比例，这就是融资导致的股权稀释。

某公司天使轮融资100万元，让出公司10%的股权，则原股东的股权都要等比稀释为原来的90%（100%－10%）。该公司有两位创始股东，持股比例分别是70%和30%，融资后就变成了63%（70%×90%）和27%（30%×90%），剩余的10%股权被投资人持有。

股权稀释后就要重新计算企业的注册资本。仍以上述公司为例，原注册资本为200万元，两位股东分别出资140万元和60万元。假定融资后的注册资本为Z元，则Z=140万元+60万元+Z×10%，得出该公司融资后的注册资本为2222222元，投资人需要投入的资本则是222222元（2222222元×10%）。

本节以增资入股切入，是为了让大家能清晰看到企业在引入资本后，其股权占比和注册资本发生的一些变化。上述案例只是对原始股东的股权稀释做出了解释，但企业在做大的过程中，融资不会只有一轮，因此股权稀释也不会只发生一次。完整的企业融资可以经过以下几个阶段：

创立——创始人自出注册资本金。

天使轮——种子期的投资人"看人下菜"。

A 轮——经过市场的基本验证，具有可行性。

B 轮——发展一段时间，企业运转上了轨道。

C 轮——继续发展，业务全面展开。

D 轮——加速发展，看到了上市的希望。

IPO——投资方可能要套现离场。

每轮融资所出让的股权数额都是不同的。通常是处于越前期的企业，股权越值钱，越应减少股权出让比例。但又因为前期的企业估值偏低，需要出让多一些的股权来换取投资。因此，天使轮和 A 轮融资的博弈性非常强，融资企业在此阶段需要谨慎操作。

建议天使轮融资让出的股权最多应控制在 10% 左右，否则创始人或创始团队可能会在 A 轮过后就失去了对企业的绝对控制权，再经过 B 轮、C 轮的稀释后可能就丧失了对企业的控制权。

下面，是某公司经过五轮融资过程的股权稀释演化情况（见表 9-1）。注意，该公司在天使轮就出让了 20% 的股权，且表中并未考虑员工激励期权池与新加入股东的可能股权要求。如果再计入 5%～20% 的员工激励期权池，以及新加入股东可能的 5%～15% 的股权，创始人或创始团队的股权稀释情况将更为严重。

表9-1 某公司五轮融资的股权稀释演化历程

单位：%

股东	融资前股比	天使轮融资后股比	A轮融资后股比	B轮融资后股比	C轮融资后股比	D轮融资后股比
创始人甲	70	56	44.8	38	34.2	30.8
创始人乙	30	24	19.2	16.3	14.6	13.2
天使轮投资人		20	16	13.6	12.2	11
A轮投资人			20	17	15.3	13.7
B轮投资人				15	13.5	12.1
C轮投资人					10	9
D轮投资人						10

股权稀释的影响

对于企业经营而言，在融资发展的过程中，股权稀释是必然性的，但应合理地进行股权稀释，以实现股东和企业的双赢。

股权稀释一般分为两种情况：增资入股和股权转让。不管哪种情况，都会对原始股东的控制权有所影响，甚至会因为股权稀释导致控制权丢失。因此，融资企业创始人的股权稀释意味着投票权比例的减少，但是持有股权的价值在稀释前后是否减少，关键取决于稀释前后公司价值的变化。

1977年，成立仅一年的苹果公司股权结构变更为史蒂夫·乔布斯、斯蒂夫·沃兹尼亚克、迈克·马尔库拉，三人股权各占30%，另一位核心级工程师占 10%。

1980 年，苹果公司公开招股上市，乔布斯股份被稀释到 15%，第二大股东马尔库拉降低到 11%。在公司发展的关键阶段，乔布斯和马尔库拉发生内斗，鉴于自己手中股权不够，为了制约马尔库拉，乔布斯说服百事可乐 CEO 约翰·斯卡利跳槽来到苹果公司担任 CEO。但令乔布斯始料不及的是，斯卡利背叛了他，最终和马尔库拉联手解除了乔布斯的职务。乔布斯无奈出走，直到 1996 年才临危回归。

现实中如乔布斯这般，创始人因为股权稀释被踢出企业管理层，甚至丧失企业控制权的情况比比皆是。之所以会出现各种情况，大多是缘于很多创始人没有做股权稀释方面的防范，而一些创始人则做了股权被稀释的防范，但依然未能摆脱出局的结果。问题就是出在未能正确、全面地预知股权稀释将给自己和企业带来的所有影响，而是片面地将一些严重后果忽视掉了。

回到苹果公司后的乔布斯，依然面临自己持有股份很少的局面，想要牢固掌控苹果公司的控制权，寄希望于股权不再被稀释是不可能的，而且即便股权不再被稀释也没有作用。因此，乔布斯接受了股权一定会被不断稀释的情况，他采用了双重股权结构、投票权委托和一致行动人协议等多种方式，来巩固自己对苹果公司的控制权。直到最后乔布斯的股权被稀释到了 1% 以下，仍然牢牢掌握着苹果公司。

在"从天使轮到 D 轮的股权稀释演化过程"一节中，在表 9-1 中的公司经过多轮融资后，两名创始股东的股权比例发生极大稀释，在尚未考虑员工激励期权池与新加入股东的可能股权要求的情况下，创始人甲的股权比例已经下降至30.8%，失守了对企业的安全控制线（34%），如果再加上员工激励期权池与新加入股东的可能股权要求，创始人甲的股权还应大幅下降，可能只维持在百分之十几，甚至更低，那么对于公司的控制权将岌岌可危。因此，股权稀释带来的影响将主要体现在企业管理权方面：

（1）股东会层面。未进行融资前，在表9-1中的创始股东甲持股70%，在没有特别约定的情况下，其拥有三分之二以上的表决权，对公司享有绝对控制权。经过多轮融资后，创始股东甲的股权比例下降至30.8%，直接后果是股东会的所有决议事项，即使甲同意也无法通过决议。一般情况下，创始股东丧失对企业的控制权，必将对企业发展造成重大不利影响。

（2）董事会层面。投资方向融资企业增资，往往会要求增加董事会成员人数和委派董事；同时约定董事会对某些事项进行决议时，须征得其董事的同意或其董事拥有否决权。由此便削弱了创始股东在董事会中的影响力。

（3）经理及其他高管人事安排。投资方对融资企业增资时，可能对经理及其他高管的人事安排提出要求，对经理的职权等事项重新作出安排，由此影响企业的日常管理。

融资企业创始人或创始团队的股权稀释，不仅表现在逐渐丧失对企业的控制权方面，还表现在对企业利益的影响上。

（1）加大稀释股东的投资风险。股东的股份比例下降，其获得企业经营利润的份额也相对减少。

（2）影响企业的股价。一般情况下，股份稀释会导致企业的每股盈利下降，从而导致股价下跌。

（3）降低企业的财务稳定性。资本特别注重融资企业的财务稳定性，股权稀释可能会导致潜在投资方对企业未来的财务表现产生怀疑。

总之，股权稀释对企业而言利弊参半，因为通过稀释股权的代价，企业可以获得融资，但也会因为稀释股权的代价，导致企业控制权出现危机或经营出现困难。因此，融资企业即便非常需要资金，也要注意控制股权过度稀释的发生，采取有效措施提高股东回报率和企业财务稳定性。

内部团队股权分配

股权是股东基于股东资格享有的从企业获得经济利益并参与企业经营管理的权利。股权由经济权和政治权组成，经济权包括分红权、股权转让权、优先认购权和剩余资产分配权；政治权包括表决权、知情权、选举权和公司运营建议权和质询权。

股权代表着未来收益的可能性，站在融资企业创始人的角度，股权有以下价值：

1. 组团

创业早期需要组建创业团队，但是并没有那么多钱招揽人才，最好的办法就是把一部分股份分出去，组建起一支价值观一致、能力互补的创始团队。

2. 融资

企业通过股权进行融资的方式一般有两种：①股权融资。投资方出一部分钱来换取融资企业的股份，投资方作为股东，不能要求融资企业创始团队把投资还回去，只能等以后上市、收购或者更大规模融资时退出股份来套现；②债权融资。融资企业向银行等金融机构贷款，最终需要本金加上利息还回去。

融资是对股权的再分配过程，这个重新分配过程可以为企业带来经营发展所必需的资金，但同时也会为融资企业的创始团队带来控制权上的影响。一句话，融资会导致创始团队的股权被稀释，进而影响对企业的控制权。很多企业经营者有时宁可失去融资机会，也不愿股权被稀释，这也是为了保护企业控制权的无奈做法。通常创始人或创始团队对企业控制权可以分为三种模式：

1. 绝对控股型

创始人独占企业全部股份的三分之二以上，即67%以上，其他创始合伙人和投资方（若有）加在一起占20%左右的股权，剩余为预留股权池。该模式适用于创始人投资最多、能力最强且后续融资金额不大的情况。在股东内部，绝对控股型虽说形式民主，但创始人能做到一票决定或一票否决。

2. 相对控股型

创始人独占企业全部股份的一半以上，即51%以上，其他创始合伙人和投资方（若有）加在一起占30%左右的股权，剩余为预留股权池。该模式主要适用于创始人能力最强，但投资一般且后续融资金额较大的情况。在股东内部，除了少数重大事件（如增资、解散、更新章程等）需要集体决策，其他绝大部分事情创始人都可以一票通过。

3. 不控股型

创始人仅占企业全部股份的三分之一，即达到34%，其他创始合伙人和投资方（若有）加在一起占40%~50%的股权，剩余为预留股权池。该模式主要适用于创始人团队能力互补，主要创始人具有战略相对优势，且后续融资金额很大的情况。在股东内部，因为创始人团队的股权相对平均，可以形成民主表决，但在需要拍板做决定时，容易形成决策僵局。

融资企业的创始人团队必须有高质量的股权架构设计，才能在后续经营中顺利获得融资和带领企业发展。融资企业创始人团队的股权架构切忌出现平均股权、股权过散、人资倒挂、小股为尊的情况。

融资企业的创始人股权结构需要符合简单明晰和有"带头大哥"两个标准。在创业阶段，比较合理的管理架构是三个人，但也不限于是三个人。不要觉得三个人的管理层很小，很多世界级企业刚创立时可能连三个人的管理层都没有。投资方在寻找合适的投资项目时，关注的是项目的产品或服务和创始人或创始团队的理念。可见，投资方非常关注融资企业是否有实力过硬的"带头大哥"（创始人），这个"带头大哥"就是企业核心，这个位置若不清晰或不强悍，是很难吸引资本关注的。

此外，融资企业还必须预留出股权池，不能一开始创始人团队就把蛋糕切分干净了，需要给后来者留一部分。虽然不作出股权池预留也能进行融资，可以在融资过程中重新调整股权结构，但这样做既多耗人力、财力，又难以真正调整到位，难免会留下股权隐患，为将来的股权纷争埋下伏笔。

而且，预留股权池的目的不只是方便融资，还为引入人才大开了方便之门，在遇到真正能够帮助企业腾飞的关键性人才时，就可以拿出预留的宝贵股权作为筹码，说服人才加入。试想，如果企业没有这个筹码或者这个筹码拿出来的过程很难，势必会阻碍人才加入，甚至直接断送了人才加入的可能性。

最后还要说一点关于融资预估的问题。融资企业若能一路走到IPO，创始人还能保有10%的股权就很不错了，因为一路的融资走过来，企业股权都被逐渐稀释掉了。因此，在各轮融资时一定要适当预估，才能让每一轮融资都能顺利进行，且进行到最后结果仍然在预估的范围内。

结尾强调一句，任何企业自创立之日起，就一定要尽200%甚至更多的努力将股权设计做好。

如何在融资中做到股权不被稀释

在企业各轮融资过程中，为了避免新投资人的加入，造成老投资人的股份贬值，更是为了保护创始股东对企业的控制权，都会在融资协议中加入反稀释条款。

1. 反稀释条款

如果没有反稀释条款的保护，创始股东或早期投资人极有可能因为股权稀释被淘汰出局。

反稀释条款主要针对可转换优先股，包括两个方面内容，具体如下。

（1）防止股权比例降低。有两项条款可以起到作用：①转换权条款。在企业发生送股、股份分拆、合并等情况时，优先股的转换价格应作相应调整。例如，某公司的优先股按照 10 元 / 股的价格发行给投资人，初始转换价格为 10 元 / 股。后来该公司决定将每 1 股分拆成 5 股，则优先股新的转换价格应调整为 2 元 / 股，对应每 1 股优先股可以转为 5 股普通股；②优先购买权条款。要求企业在进行下一轮融资时，此前一轮的投资人有权选择继续投资，并且获得至少与其目前股权比例相应数量的新股。

（2）防止股份贬值。企业在成长过程中需要多轮融资，但谁也无法保证每次融资时发行股份的价格都是上涨的，投资人往往会担心由于下一轮降价融资导致自己手中的股份贬值，因此要求获得保护条款。在实务操作中，主要分为完全棘轮条款和加权平均条款（如下阐述）。

2. 完全棘轮条款

如果融资企业后续发行的股份价格低于拥有完全棘轮反稀释保护的投资人的股份购买价格，则原投资人的实际转化价格也要降低到新的发行价格。这种方式仅考虑低价发行股份时的价格，不考虑发行股份的规模。

某公司 A 轮融资 200 万元，按 10 元 / 股的初始价格共发行 A 轮 20

万股优先股。在 B 轮融资时，优先股的发行价跌为 5 元/股，根据完全棘轮条款的规定，A 轮优先股的转换价格也调整为 5 元/股，则 A 轮投资人的 20 万优先股转换为 40 万股普通股。

完全棘轮条款对投资人有利，经营风险完全由融资企业经营者承担，所以通常会加入一些限制性条件。

（1）只在后续第一次融资（B 轮）才适用。

（2）在本轮投资后的某个时间期限内（如 1 年）融资时才适用。

3. 加权平均条款

在加权平均条款下，如果后续发行的股价低于 A 轮的转换价格，那么给 A 轮优先股重新确定转换价格时，既要考虑新一轮的发行价格，还要考虑股份数量，计算公式为：

$$OA = OB \times \frac{OC + OE}{OC + OD} = \frac{OB \times OC + OF}{OC + OD}$$

式中，OA——A 系列优先股的调整后新转换价格。

OB——A 系列优先股在后续融资前的实际转换价格。

OC——后续融资前完全稀释时的股份数量或是已发行优先股转换后的股份数量。

OD——后续融资时发行的股份数量。

OE——后续融资额应能购买的股份（假定按当时实际转换价格发行）。

OF——后续融资现金额（不包括从后续认股权和期权执行中收到的资金）。

加权平均条款有两种细分形式：①广义加权平均条款；②狭义加权平均条款。二者的区别在于对后轮融资时的已发行股份及其数量的定义：

（1）广义加权平均条款。计算已发行的普通股（包括优先股可转换成的普通股），以及通过执行所有其他期权（包括员工期权）、认股权、有价证券等获得的普通股数量。

（2）狭义加权平均条款。只计算已发行的可转换优先股能够转换的普通股数量，不计算普通股和其他可转换证券。

某公司 A 轮融资 200 万元，按 10 元/股的初始价格共发行 A 轮 20 万股优先股。已发行普通股为 30 万股。B 轮融资 300 万元，按 5 元/股的初始价格共发行 B 轮 60 万股优先股。

广义加权平均计算新的转换价格为：

转换价 =[10×（20万股+30万股）+5×60万股]÷（20万股+30万股+60万股）=7.27元。

转换量 =200万元÷7.27元=275103股。

狭义加权平均计算新的转换价格为：

转换价 =（10×20万股+5×60万股）÷（20万股+60万股）=6.25元。

转换量 =200万元÷6.25=32万股。

经过加权转换之后，A 轮投资人的 200 万元分别可以转换为 27.5 万股和 32 万股，相对于完全棘轮条款下可以转换为 40 万股要公平一些。

如何在股权稀释后掌握企业控制权

股权是吸引到投资方的重要砝码，企业只要进行融资，就免不了要稀释掉创始股东的股权。在融资过程中，企业创始股东可以尽量减少股权的让出，但即便如此经过多轮融资后，股权稀释的情况仍然会十分严重，如果不进行必要的控制权设计，创始股东失去对企业的控制权并不是杞人忧天。那么，创始股东应如何保护自己对企业的控制权呢？本节就来阐述这个问题，给出几个常用的方法，供大家参考。

在具体实务操作中，融资企业应结合实际经营情况，具体分析，应采用哪种方法。且下述这四种方法并非全部，还有很多种方法可供采用，融资企业可酌情选择。

1. 双重股权结构

双重股权结构又称为AB股模式，是一种通过分离现金流和控制权对企业实行有效控制的手段。融资企业可将股份划分为A级和B级，不同等级的股份对应不同的表决权（仅限于投票权）。一般情况是，A类股对应每股1票投票权，B类股对应每股N票（通常为10票）投票权。A类股一般为外部投资方持有，因看好企业前景，甘愿牺牲全部或部分表决权。B类股一般由企业创始人或创始团队和管理层持有，通过少量控股达到多数控制投票权的目的。

甲作为公司创始人，经过三轮融资后持股45%，三位外部投资股东乙、丙、丁分别持股25%、20%、10%。

如果该公司的股权结构为同股同权，则甲的控股占比未过半，对于公司在需要过半数股东同意的事项上没有决策权，对于公司需要经过三分之二股东同意的重大事项上更不具有决策权。

如果该公司采用双重股权模式，对外部投资者乙、丙、丁发行A类股票，创始人甲和管理层持有B类股，规定A类股对应每股有1票投票权，B类股对应每股有10票投票权。假设该公司的注册资本为1000万股，则甲的投票权为4500万票（1000万股×45%×10票），乙的投票权为250万票（1000万股×25%×1票），丙的投票权为200万票（1000万股×20%×1票），丁的投票权为100万票（1000万股×10%×1票）。

则该公司的总表决权为5050万票（4500万票+250万票+200万票+100万票），表决权比例为：甲占89.11%，乙占4.95%，丙占3.96%，丁占1.98%。

因此，双重股权结构的好处是，即使创始股东失去了多数股权，但因掌握拥有更多投票权的B类股，仍可以持续掌控企业。这种"同股不同权"仅适用于表决权，与股票的所有权、收益权、分红权不发生关系，每股的价值不变。

2. 一致行动人协议

一致行动人分为狭义和广义两种：狭义是指在上市企业收购过程中，联合起来收购一个目标企业股份，并就收购事项达成协议的两个以上的人,也称为"联合收购人";广义是指不仅包括联合收购人,还包括在证券交易和股东投票权行使过程中采取共同行动的人。对于企业控制权的掌握是指广义上的一致行动人。

掌阅科技股份有限公司于2017年9月在A股上市时,股东张凌云持股30.42%,股东成湘均持股28.9%。为了更好地实现对公司的控制,张凌云和成湘均于2015年2月28日签署了《一致行动协议》和补充协议。协议中的重要约定如下:

(1)在掌阅科技股东大会审议相关议案行使表决权时,双方确保作为掌阅科技的股东行使权利时各方意见保持一致。

(2)在行使对掌阅科技的任何股东权利时,两人须协商一致,形成一致意见行使股东权利。

(3)在行使对掌阅科技的任何董事、管理层权力时,各方须协商一致,形成一致意见行使董事、管理层权力。

(4)两人行使股东、董事、管理层的提案权、表决权等权利无法形成一致意见时,以成湘均的意见为准。

(5)协议有效期为十年。

通过这份《一致行动协议》,张凌云和成湘均合起来拥有掌阅科技公司58.93%的股份和同等投票权,占据公司投票权总数的过半数,成为公司实际控制人。

3. 投票权委托

投票权委托也称为表决权代理,是企业部分股东通过协议约定,自愿将其所拥有的投票权委托给其他特定股东行使,这个特定的股东往往是企业的创始人。

在新三板挂牌的朋万科技公司，股东孟书奇持股35.27%，创始人刘刚持股29.25%。为了更好地实现对公司的控制，孟书奇自愿与刘刚签署《表决权委托协议》，将其持有的35.27%公司股份中除分红权和涉及委托人所持股份的处分事宜之外的其他权利委托给刘刚代为行使。协议中的重要约定如下：

（1）代为提议召开临时股东会或股东大会。

（2）代为行使股东提案权，提议选举或罢免董事、监事及其他议案。

（3）代为参加股东会或股东大会，行使股东质询权和建议权。

（4）代为行使表决权，并签署相关文件，对股东会和公司股改后股东大会每一审议和表决事项代为投票，但涉及分红、股权转让、股权质押、增资、减资等涉及委托人所持有股权的处分事宜的事项除外。

（5）委托人对表决事项不做具体指示，代理人可以按照自己的意思表决，但应考虑委托人利益并兼顾公司发展的原则。

（6）其他与召开股东会或临时股东大会有关的事项。

（7）现行法律法规或者公司章程规定的除分红权以外的其他股东权利，但涉及股权转让、股权质押、增资、减资等涉及委托人所持股权的处分事宜的事项除外。

（8）受托人行使本授权委托书委托权限范围内的事项所导致的一切后果由委托人承担。

通过上述委托协议，刘刚虽然只持有公司29.25%的股份，却掌握了公司共计64.52%的投票权，成为公司的实际控制人。

4．一票否决权

在投资协议中，投资方可能会要求加入一票否决权条款，目的是保护投资方的利益不受融资方的损害。同理，一票否决权也适用于保护融资方的利益不受投资方损害。

某公司由甲、乙共同创立，后续又引入了两位投资人丙和丁。其中，甲出资30万元，乙出资10万元，丙出资40万元，丁出资20万元。股权分配为：甲占股40%，乙占股12%，丙占股12%，丁占股6%，预留股30%。甲为公司法人代表，与乙分别担任公司总经理与副总经理，负责公司经营管理，丙和丁不参与公司日常管理。

则该公司的股权划分依据如下：

甲出资第二多，但作为公司的主要经营管理者，其股份占比比出资占比多出10%；乙虽然出资最少，但对公司经营贡献较大，但毕竟资金贡献最少，其股份占比稍微高出出资占比；丙虽然出资最多，但因不参与日常经营管理，其股份占比为出资占比的30%；丁也不参与日常经营管理，且出资最少，其股份占比同样是出资占比的30%。

该公司的股权设计看似合理，既考虑到了资本数额与实际贡献的差异，还预留出部分股权做进一步融资准备。但如果将丙和丁看作天使轮投资人，他们一次性得到的股权就显得太多了。

甲作为公司实际控制人，在公司刚成立之时股权就降至50%以下，对公司所拥有的控制权只是一票否决权。现实中，仅仅掌握一票否决权的创始股东往往不足以保护对企业的控制权。因此，无论经历过几轮融资，如果所持有的股权比例仅拥有一票否决权，创始股东就必须未雨绸缪，提前进行其他控制权设计，以巩固自己对企业的实际控制权。

该公司股权设计的最大利好是预留了股权池，在接下来的融资过程中，最起码前两轮的融资将不会再稀释创始股东的股权了。

第十章
加强融后管理，降低资本敏感度

　　融资过程并不是从启动融资到融到资金的过程，还应加上融资前的准备工作和融资后的管理工作。关于融前准备，本书第四章和第五章已经做了详细阐述；关于融后工作，本书也要进行一些讲解。

　　加强融后管理的目的，不只是要对所融得的资金进行妥善使用，以尽可能提升资金价值，还要对融资后企业运营的关键环节进行监管，让融后的企业运营符合预期效果。只有加强融后管理，让资本看到企业的运营时效，才能对投入放心，只有资本敏感度降低了，企业运营才能不受羁绊。

保证充足的现金流

某创业公司创始人为一个项目寻找融资,后通过某融资平台获得了3000万元的风险投资资金,在融资计划中说明这笔资金可使用10～12个月。根据投资协议约定,风险投资人分三次(每次1000万元)将资金打入该创业公司账户,第一次为签署投资协议的第2天,第二次为签署投资协议的第50天,第三次为签署投资协议的第100天。这种安排是为了适应创业公司在项目运营前期投入较大的现实,而且分批投资也有利于投资方可以关注所投资公司的资本运作情况。

前两笔资金打入后,此时项目启动才一个多月,按照投资协议规划,前两笔2000万元资金最快也应使用到第四个月,即在第三笔资金打入后,前两笔资金是用不完的。但是,该创业公司创始人为了加快项目进程,单方面加快了资金使用进程,导致在第三笔资金尚未入账时,前两笔资金就消耗殆尽了。勉强支撑到第三笔资金到账时,又是一番"旋风快打",第三笔的1000万元资金在融资后仅7个月就全部用完了,而此时项目进程并不如意,产品只是刚刚上市,盈利甚微,后续运营还需要继续投入,但公司却没有钱了。

无奈之下,该创业公司只能开启下一轮融资,但因为前一轮融资后的经营效果不佳,此次融资进行得非常艰难,经过几个月的努力,也只融到700万元,距离预期的5000万元相距甚远。更为糟糕的是,经过这几个月的停滞,产品已经完全退出了市场,曾经能够吸引投资方的"先进"技术此时已经不具有吸引力了。可以说,几个月的时间,已经是沧海桑田了,这家企业危在旦夕,盈利能力与初期融资时的预期相较之下可谓天壤之别。

之所以要将这个案例讲述得如此详细,是希望让大家通过该案例深刻认识到现金流对于企业经营的重要意义。

企业必须保证有足够的现金流,才能正常经营运转,否则就如同在刀尖上跳舞,落下的一刻就是致命的伤害。虽然现金流对于企业经营极其重要,但很多企业经营者对于现金流的重视程度却随着融资成功与否而不同。在融资前,企业经营者一般都会重视现金流,因为钱是自己出的,即便有少量融资(其实算不上融资)也是非常不容易获得的,必须精打细算过日子。但在融资后,企业突然有钱了,再也不用节衣缩食了,"从来没有打过富裕仗"的经营者往往不容易控制住花钱的欲望。于是,在现实中经常会看到在融资后经历大起大落然后一蹶不振的企业,基本都是败在耗用无度上。

因此,作为企业经营者,不仅要在缺钱时能够保证现金流不断裂,也要在有钱时继续保证有充足的现金流。由俭入奢易,由奢入俭难,过惯了穷日子是很希望富裕,但当富裕日子来临时千万不要冲昏头脑,要让每一分钱都花得有意义、有价值。

此外,作为融资企业经营者需要明白,投资方对项目进行投资,不只是看中项目的潜力，同时也是相信项目运营者的能力。如果连驾驭金钱的能力都不具备，那么很快就会被资本市场淘汰掉。很多融资后铺张浪费的企业，在进行下一轮融资时都非常困难，融资失败是常态。

那么，融资企业如何在融资成功后继续保证充足的现金流呢？首要一点是根据项目的运营特点规划现金流的使用。

以本节开始的案例为例，融资获得了3000万元资金，预计使用10～12个月。假设使用10个月，并非将3000万元均分，每个月300万元，那样对于项目运营的束缚偏大，毕竟项目运营的每个阶段需要的资金是不同的。该融资项目因为前期需要的资金比较多，因此投资方注入资金也是集中到前期，仅在投资正式达成的第50天就注入了两笔共2000万元，在第100天就将投资全部注入。

该创业公司可以规划项目运营的前两月各使用资金500万元左右，项目运营的第三、第四、第五个月各使用资金300万元，项目运营的第五、第六、第七个月各使用资金200万元，项目运营的第八、第九、第十个月各使用资金100万元，共计使用投资资金为2800万元，剩余200万元。如果项目运营时间拉长为12个月，剩余的200万元可以用来救急。因为项目进行到第七个月时，产品正式上市，后续三个月（第八、第九、第十个月）有了一定的收益，可以增强市场与资本的信心，为下一轮融资做好了运营铺垫。

除了根据项目运营特点规划现金流的使用外，融资企业还应该保持节俭之风，压缩项目成本的支出。下面以初创企业为例，阐述六个方面的内容：

（1）选择房租低的办公场所。初创企业在选择办公场所时必须坚守两个标准，价格便宜和交通便利，也可以选择在"孵化器"租工位或者暂时居家办公。

（2）选择二手办公设备。办公设备的作用是可以正常使用，因此初创企业可以选择二手办公用品，能节约一大笔开支。

（3）减少日常开支。一方面是人力开支，另一方面是行政开支。一些不重要的岗位可以雇用兼职人员完成，以此保证节约用电、用水、交通费等。

（4）采取底薪＋绩效的方式。既能激励员工，又能控制成本。初创企业不要采用高薪留人策略，可以用期权、股票等方式代替高薪。

（5）压缩营销广告花费。不要为了快速推销产品，就花大钱进行营销，初创公司经不起这样的消耗。可以通过和网上KOL（关键意见领袖）合作来推广产品，优点是效果好且费用低。

（6）尽量自己动手。不要凡事都聘请专业人士来做，一些现有团队可以完成的事情，就自己做，自己做不了的，再请专人做。

善于挖掘和运用投资者资源

创业离不开资金，但资金不是创业的全部，企业的成功需要很多方面的共同支持。几乎所有创业者都希望遇到看好自己项目的投资者，投资者能给予创业者的绝不只是资金,还有其他很多东西,如人才资源、市场资源、管理经验、风控经验及其他增值服务等。但是,如果企业吸引的是财务投资人,他们能够提供给融资企业的资源就相对有限;如果企业吸引的是具有产业背景的投资人,他们能够提供给融资企业的资源就更加多元化和协同化。因此,挖掘投资方的资源需要分清楚是哪种投资方,对应的具备怎样的可以利用的资源。建议融资企业应该寻找位于产业链上下游的资本,以此增强自身的资源优势。

在实务操作中,很多融资企业经营者总是忽视投资方所具有的资源,目光只盯着投资方的钱,只要钱到位后就和投资方的联系减少了。其实,身为投资方,无论是个人还是机构,或多或少都有一些属于个人或企业的资源,有一些个人投资者本身也是从创业者转型而来的,或者从一些大的产业集团或公司转型而来的,他们对于创业企业遇到的经营问题和发展瓶颈会有一些切身体会和应对经验,因此,融资企业经营者有很多可以从投资方那里获得的资源。下面,将这些资源总结出来,以供参考。

(1)人才资源。投资方可以通过三种方式帮助融资企业吸引到综合能力更强的人才:①投资方可以规范融资企业的招聘方式;②投资方的知名度就是融资企业招聘人才最重要的信誉保障;③投资方的人脉资源可以从源头帮助融资企业吸纳人才。

(2)市场资源。在融资企业所处行业、市场的用户资源或供应商资源,不同的投资方可能相差较大,有些可能有很丰富的关系,有些可能很少,但绝对不会一点没有。因此,融资企业可以将所需要的人脉资源告知投资方,如果投资方在接触项目的过程中遇到了合适的资源,一定会帮忙推荐，这些可是最有效、最经济的拓展渠道。

（3）管理经验资源。多数投资方无论是否亲身参与过创业，但因为看了无数不同类型企业的创业成败案例，对于一般性的企业管理问题会有足可借鉴的"他山之石"。当然，这些经验不一定都能立即见效，但对于融资企业经营者而言，能够经常从不同角度和侧面去审视企业的发展问题，是有利而无弊的。如果投资方本身就具有运营创业企业的经验，那将给融资企业更直接、更有效的操作建议和方案，这些可能比资金更有帮助。

（4）业务发展资源。投资方帮助融资企业拓展业务是一种比较理想的投资状态，有助于融资企业的长久发展。此外，如果融资企业的业务拓展进入瓶颈期，经营者可以向投资方求助，借助投资方的力量拓展业务。对这一点很多融资企业经营者并不明白，总是将自己与投资方阻隔得很远，其实融资方与投资方是合作关系，投资方是绝对不愿看到所投资企业的业务垮掉的。

（5）风险判断和控制经验资源。对于投资方而言，风险意识是根深蒂固的，他们的风险判断能力更有优势。所以，当融资企业经营决策要进行一项新的业务投入或一个新的市场拓展时，可以听听投资方的意见，这有利于获得更多潜在风险因素的思考点。当然，投资方也可能不只给出提示，还会有如何有效控制风险的建议和对策，这种情况可能会让融资企业经营者觉得是"干预经营权"，需要特殊对待，但这些建议和对策往往是值得借鉴和学习的。

（6）增值服务资源。投资方能够向融资企业提供的增值服务包括：协助创业者壮大团队、选择重要管理人员、制订企业发展战略与经营计划、财务及法务辅导、聘请外部专家、筹集发展后续资金等。这些增值服务对于提高企业商业收入、扩大企业业务规模、控制企业经营风险都有重要的意义。

对于融资公司的发展而言，从完成一轮融资时开始，除了努力实现业绩增长目标之外，还应该积极筹划下一轮融资的时间和对象。在这个过程中，投资方应该有一些可以推荐的资源，当然也需要融资企业在准备工作完成后积极推动，让投资方协助进行下一轮的融资推荐。

投资方的建议不是命令

"拿人钱财，替人消灾"是一句俗语，意思是说，既然拿了别人的钱，就要帮助别人办事，并且要把事情办好，要对得起自己拿的那份钱，用现代思维解释就是"契约精神"，别人出钱，自己出力，共同做好一件事。

很多创业者将这种观念全盘照搬进了企业经营中，尤其是在获得融资后，认为自己的企业拿了别人的钱，就要凡事以别人为主，"金主"希望的事情就是自己该做的事情。具体的表现是，在获得投资后，把企业经营上的事情都交给董事会来决定。这样的情况在现实中并不少见，这样的创业者可能因为年轻，可能因为缺乏经验，也可能完全没有搞懂投融资的关系，错把融资经营当作了"借钱消费"。

还有一些融资企业经营者并不缺乏经验，但因为投资方对企业很多重要决策拥有否决权，例如预算审批、合并、分立、薪酬、后续融资等，让自己丧失了对于控制企业的信心，在董事会做完介绍后，会问："董事会希望我做些什么呢？"而不是说："我需要投资人批准我做××应该且必须做的事情。"

很多投资方为了最大限度降低投资风险，会要求对融资企业拥有更多的权利，以便在融资企业做出不符合投资方利益或者会影响投资方获利的行为时及时阻止。很多投资方只在融资企业拥有百分之十几甚至更少的股权，却拥有远远超过这个股权比例所赋予的投票权。这样做确实可以在一定程度上保护投资方的利益，但也会妨碍融资企业行使自主经营的权利。当融资企业的自主经营出现阻碍时，同样会波及企业的商业利益，进而影响到投资方的利益。

融资企业经营者（通常是创始人）需要在董事会上演示战略规划，但有些董事会成员（通常是投资方代表）会无视创始人经过深思熟虑的行动方案，只看到是否能将己方（投资方）的利益最大化，如果不能让己方（投资方）利益最大化便会将战略规划彻底推翻。一些这样做的投资方不仅不认为自己的行为阻碍了融资企业的发展，还会认为是为融资企业提供了增值服务。因为投资方掌握否决权，融资企业经营者（创始人）只能告知管理团队（创始团队），投资方对他们制定的战略不满意，企业经营计划和行动方案就这样改变了。

为什么会造成这样的局面？错误完全是融资企业造成的。因为融资时急于获得资金，答应了投资方提出的不合理要求（如拥有否决权、多占投票权等），让自己在后续对企业的经营管理中陷入被动。还有一些投资方并未有不合理要求，也依照投资协议尊重融资企业的自主经营权，但融资企业经营者信心不足，自己不做主，那么投资方就会无奈地出面做主。

如果融资企业在融资时拒绝了投资方的不合理要求，并在经营中对自己所做的事情具有信心，在董事会上会直接告诉董事们（包括投资方代表）行动计划是什么，愿意听取中肯建议，并结合实际根据自己的判断为企业制订正确的方案。这才是合格的融资企业经营者应该做的，果断做决定，明确权责利。

经过上述分析，可以总结为一句话：资本的建议不是命令。资本的建议只是可供参考的众多建议之一，没必要因为是资本提供者就享有"高人一等"的特殊待遇。更不要将资本的建议通过法律形式变成命令，要从源头上截断资本强行干预融资企业经营的路径。

对于投资方而言，如果真的不同意融资企业的战略规划、经营决策或行动方案，可以通过正规方式向融资企业提出建议，投融资双方以正式讨论的方式解决问题。

对于融资企业经营者而言，需要坚持和相信自己的经营理念和价值信念，明白己方才是主导角色和居于控制地位。

创建财务跟踪管理系统

随着网络技术、计算机技术、数据库技术、人工智能、大数据、云计算的蓬勃发展，促进了分布式管理系统在企业财务管理工作上的应用。

投资方是融资企业的股东，享有对融资企业的经营知情权，因此，通常会参与到投后管理中，主动跟踪财务情况。这就要求融资企业能够定期了解经营财务状况，当出现重大不利变化时，立刻与投资方协商解决，尽可能保证投融资双方的利益不受损害。

用于了解企业经营状况的系统就是财务跟踪管理系统，是在相对一定的整体目标下，对资产的购置（投资）、经营中的现金流通（营运）、资本的流通（融资）及利润的分配进行统一管理。财务跟踪管理系统用来管理企业财务的收入与支出，是任何企业不可或缺的管理组成部分。财务跟踪管理系统对企业的财务使用计划、财务使用控制、财务使用监督、财务使用复核等多个方面，都起到不可替代的作用。

企业的财务状况与企业资产、负债、业务、运营、经营成果、用户关系、员工关系等因素密切相关。此外，财务报表、经营数据、三会决议文件等也有利于融资企业经营者及时发现对企业经营发展不利的因素。

为了让财务跟踪管理系统发挥最快捷、最全面、最完整的功能作用，该系统需要建立在网络拓扑结构的基础上，根据企业实际业务和数据处理的需求，以及各部门的实际情况，进行全方位搭建。

融资企业创业者进行财务跟踪工作，应了解的事项包括但不限于下面几种：①重大合同；②（月度、季度、半年度、年度）财务报表；③三会（股东会/股东大会、董事会、监事会）决议；④业务经营信息；⑤重大投资活动和融资活动；⑥重要管理人员任免；⑦企业经营范围的变更；⑧其他可能对企业生产经营、业绩、资产等产生重大影响的事宜。

财务跟踪管理系统的使用者不应限于财务人员，企业高层决策人员也需要查询、掌握财务状况。这样不仅需要在企业的财务部门部署工作站点，在企业高层办公室、后台管理部门以及相关的方便工作人员查询的地点都应部署工作站点。

财务跟踪管理系统中所有相关的数据处理，应用服务等后台功能，都在服务器上实现。融资企业各部门都可以通过终端机上安装的Web浏览器访问服务器。对于外部的投资方而言，也可以通过访问服务器了解融资企业的财务状况。当然，融资企业可以通过设定访问权限的方式来保护自己的关键财务数据。

之所以要建立一套可以让投融资双方能同时访问的财务跟踪管理系统，是因为在财务管理过程中的融资方与投资方的利益关系是一致的，融资方应该积极配合投资方的工作，主动与其分析企业经营中出现的各种问题，并通过协商提出解决方案。

为投资方提供退出通道

退出是投资方所投资的企业发展（未必一定发展得好）到一定阶段后，将股权转化为资本形式而使股权持有者获得利润或降低损失的过程。这是投资方非常关注的部分，因为投资的本质就是"投资—退出—再投资"的循环过程。因此，融资企业需要提前为投资方制定好退出机制，以便投资方在合适的时机以合适的方式退出。

在进行退出机制制定时，融资企业要充分考虑投融资双方的利益，确保利益的公平分配。如果只考虑融资企业的利益，为投资方制定苛刻的退出条件，投资方会因为不满而拒绝投资；如果只考虑投资方的利益，没有规定退出条件，投资方很可能会在任何时候选择退出从而给融资企业造成负面影响。

因此，融资企业在制定退出机制时，必须把握投融资双方的平衡。投资方的退出方式主要有四种，具体如下。

1. 上市退出

投资方若能通过上市退出是最理想的结果，这样能获得最多的投资回报。由于投资方可能在所投资企业担任一定职务，甚至取得了所投资企业的控制权，在退出时需要遵守相关法律法规的规定。

处于主板、中小板和创业板的企业退出比较容易，在锁定期结束后就可以出售或转让所持有的股份，法律规定如下：①主板上市企业的控股股东及实际控制人所持股票在企业上市之日起至少锁定36个月；②主板上市企业的其他股东，持有主板上市企业股票的，在企业上市之日起至少锁定12个月。

"新三板"企业的退出则相对复杂一些，包括锁定期期间内的交易和对转让份额的限制，法律规定如下：①"新三板"企业的控股股东及实际控制人所持有股票在挂牌之日、挂牌满一年以及挂牌满两年等三个时点可分别转让所持股票的三分之一；②"新三板"企业的董事、监事、高级管理人员所持新增股份在任职期间每年转让不得超过其所持股份的25%，所持本企业子公司股票的，上市交易之日起一年内不得转让。

2. 股权转让退出

投资方将所持有的融资企业的股权和股东权益有偿转让给他人，从而实现股权变现的退出方式。

《中华人民共和国公司法》中对股份有限公司和有限责任公司的股东股权转让都进行了明确规定：

（1）股份有限公司的股东股权转让规定很简单，只有"股东持有的股份可以依法转让"这一句话。

（2）有限责任公司的股东股权转让规定就复杂了很多，规定"股东之间可以相互转让其全部或者部分股权。股东向股东以外的人转让股权，应当经其他股东过半数同意。股东应就其股权转让事项书面通知其他股东征求同意，其他股东自接到书面通知之日起满三十日未答复的，视为同意转让。其他股东半数以上不同意转让的，不同意的股东应当购买该转让的股权；不购买的，视为同意转让。经股东同意转让的股权，在同等条件下，其他股东有优先购买权。两个以上股东主张行使优先购买权的，协商确定各自的购买比例；协商不成的，按照转让时各自的出资比例行使优先购买权。公司章程对股权转让另有规定的，从其规定"。

3. 回购退出

投资方通过股东回购或者管理层收购的方式实现退出。回购价格的计算方式如下：

（1）按投资方持有股权的比例计算。这种方式相当于待回购股权对应的投资款，加上投资方完成增资出资义务之日起每年以复利率8%计算的投资回报，加上每年累计的、应向投资方支付但未支付的所有未分配利润（其中不满一年的红利按照当年红利的相应部分计算金额）的资金。

（2）由投资方和代表融资企业50%投票权的股东共同认可的独立第三方评估机构评估的待回购股权的公允市场价格。

4. 清算退出

这是一种投融资双方都不愿看到的退出方式，因为通过清算来退出投资，是投资方获益最少的退出方式。但如果发生企业经营不善或其他原因导致上市、股权转让等不能实现，投资方也会选择这种退出方式，让自己尽快脱身。

如果融资企业破产清算退出，结果就更惨了，不仅意味着投资方的资金多数打了水漂，融资方的心血也全部付诸东流。但若是企业经营失败，走到了必须清算的地步，投资方也希望尽可能地挽回损失。